当代世界德育名家译丛
杨晓慧　主编

Thomas Ehrlich
托马斯·欧利希
文集

大学商科的博雅教育

Anne Colby　　　Thomas Ehrlich
[美]安·科尔比　[美]托马斯·欧利希
William M. Sullivan　　Jonathan R. Dolle
[美]威廉·M. 沙利文　[美]乔纳森·R. 多伊尔 ｜ 著

李亚员　郝　元 ｜ 译

生活·讀書·新知 三联书店

Simplified Chinese Copyright © 2024 by SDX Joint Publishing Company.
All Rights Reserved.
本作品简体中文版权由生活·读书·新知三联书店所有。
未经许可,不得翻印。

图书在版编目(CIP)数据

托马斯·欧利希文集/(美)托马斯·欧利希主编;王小林等译.—北京:生活·读书·新知三联书店,2024.7
  ISBN 978-7-108-07520-8

Ⅰ.①托⋯ Ⅱ.①托⋯ ②王⋯ Ⅲ.①社会科学—文集 Ⅳ.①C53

中国版本图书馆 CIP 数据核字(2022)第 182153 号

总　序

一

马克思说:"一个时代的迫切问题,有着和任何在内容上有根据的因而也是合理的问题共同的命运:主要的困难不是答案,而是问题。"比较思想政治教育的兴起既是世界多极化、经济全球化、社会信息化与文化多样化背景下的必然之举,也是学科发展到一定阶段进行观念反思与议题创新的应然选择。

历史从哪里开始,思想进程也应当从哪里开始。和平与发展是当今时代的主题,世界多极化不可逆转,经济全球化深入发展,综合国力竞争日趋激烈。实现中华民族伟大复兴是近代以来中华民族最伟大的梦想,随着中国特色社会主义逐渐迈入新时代,社会矛盾发生深刻变化,提出并推进人类命运共同体思想是在新时代的历史方位中实现中国梦的战略需要。通过挖掘和利用国际合作与交流工作的基础性、前瞻性和引领性的潜力和特点,努力加快宽领域、高层次国际合作与交流步伐。

思想政治教育理应与时代同行,与实践同行,思时代之所思、问时代之所问、急时代之所急,并在最新的实践命题中提取理论命题,在最新的社会实践中检验理论生命力。值此百年未有之大变局,思想政治教育需要从本学科视角出发审视时局并明确自身的使命担当。加强对学生思想政治教育的重视,是立足于新时代教育对学生德育教育的重视的教育内容,是学生成长和发展的重要基础。对于学校而言,思想政治教育的有效开展是促进学校教育改革的重要方式;对于国家及社会的发展而言,思想政治教育有利于保障人才培养的品德修养,是培养德才兼具型人才的重要教育内容;对于学生自身而言,思想政治教育是保障其符合新时代社会发展需求的重要方式,是促进其身心健康、持续发展的重要保障。

拥有宽广的国际视野,对思想政治教育研究者和工作者来说,是不可逆转的发展要求,也是比较思想政治教育在新的发展态势下找准生长点、走特色人才培养道路的必然选择。在对外人文交流中确立比较思想政治教育研究的角色既是实践经验的总结,也是发展模式的探索。开展国际间思想政治教育比较研究对于认识和把握人类社会发展规律具有重大意义,可以指导人们更好地进行社会实践活动;比较的目的在于辨别事物的异同关系,谋求背后的一般规律,以服务于社会现实需要;进行比较要以共同点为前提,立足各国事实情况,不能回避和掩饰问题的实质;在具体的比较过程中,既要以联系的眼光综合运用纵向比较与横向比较,又要以整体性思维处理好比较中的整体与部分、一般与特殊的关系。

二

思想政治教育学是一门研究思想政治教育现象、问题并揭示思想政治教育规律的科学。在这个"历史向世界历史转变"的时代,只有通过比较的研究方法对思想政治教育研究进行时间与空间双重维度的拓展,深入解析不同历史时间和空间地域下的思想政治教育实践的具体样态及其生成发展规律,才有可能深刻把握思想政治教育演变发展的一般规律,为思想政治教育创新发展提供理论基点,探寻现实进路。

党的十八大以来,思想政治教育理论研究与实践创新取得很大成绩。但随着国际形势深刻变化和国内经济社会发展,新情况新问题新挑战层出不穷。思想政治教育要跟上形势变化、更好发挥作用,必须强化人本意识、问题意识、实践意识,不断开拓创新。思想政治教育比较研究的价值追求不止在于寻找异同,更在于透过现象看到其背后蕴含的本质性规律,深入理解、借鉴和反思世界各国思想政治教育实践活动。思想政治教育的比较研究进行得越是深刻和精准,我们越能接近思想政治教育的本质规律。以深入开展思想政治教育比较研究为主要切入点,我们亟待提升以"比较思维"为核心的思想政治教育研究格局,超越单一视域的思维阈限,拓宽传统思想政治教育学的认识边界,进一步强化思想政治教育在理论上的学理性和在实践上的适用性。

思想政治教育学自 1984 年确立以来,其主干学科逐渐由"三足鼎立"(原理、历史、方法)的结构体系演变为"四维驱动"(原理、历史、方法、比较)的发展态势。为了使国际比较研究与其他基础理论研究形成正反馈机制,就必须更加全面、深刻、科学、高效地借鉴。基于此,根据学界业已形成的丰富成果与思想观点,从认识论与方法论的视角体察探究思想政治教育国际比较的借鉴问题就显得至关重要。只有积累了一定的国别研究成果和比较研究成果,才能进一步探讨借鉴问题。当比较思想政治教育学科发展到一定阶段后,只有探明借鉴问题,才能更好地展现出其对于促进思想政治教育学科议题创新与观念反思的重大价值。在对外人文交流中确立比较思想政治教育研究的角色既是实践经验的总结,也是发展模式的探索。

总之,无论是从时代背景、文化背景,还是学科背景出发,思想政治教育国际比较的借鉴问题研究都势在必行。

三

我国比较思想政治教育兴起于20世纪80年代中后期。经过多年的建设,比较思想政治教育的发展已经初具规模。2016年5月17日,习近平在哲学社会科学工作座谈会上指出:"观察当代中国哲学社会科学,需要有一个宽广的视角,需要放到世界和我国发展大历史中去看。"2019年3月18日,习近平在学校思想政治理论课教师座谈会上又强调,教师的视野要广,包括知识视野、国际视野、历史视野,要能够通过生动、深入、具体的纵横比较,把一些道理讲明白、讲清楚。拥有宽广的国际视野,对思想政治教育研究者和工作者来说,是不可逆转的发展要求,也是比较思想政治教育在新的发展态势下找准"生长点"、走特色人才培养之路的必然选择。比较思想政治教育学的研究成果丰硕,包括著作译介、事实描述、要素比较与因果分析,对于比较后借鉴的可能、立场、内容与方略等问题的研究则显得相形见绌。

新时代背景下,开展思想政治教育比较研究具有很强的指导意义,同时也极具挑战。首先,"比较"应当甚至必须作为一种科学的研究方法,应用于哲学社会科学和自然科学研究领域之中。其次,"比较"不仅是一种具体的研究方法,还具有重要的方法论意义。比较研究为人们分析不同历史时代和不同社会的意识形态及其教育提供了科学的认识工具。最后,"比较"更是一种思维方式,这种思维方式理应贯通于整个思想政治教育研究的过程之中。"比较"不单从方法工具层面,更是从思维方式层面赋予了思想政治教育比较研究重要的价值意蕴。

从思想政治教育的时代背景和学科立场出发,我们精选国外思想政治教育相关领域较具权威性、代表性、前沿性的力作,推出了具有较高研究价值与应用价值的系列翻译作品——《当代世界德育名家译丛》(以下简称"译丛")。该译丛是东北师范大学思想政治教育研究中心(以下简称"中心")推出的"比较思想政治教育研究"系列成果之一。我们秉承"以我为主、批判借鉴、交流对话"的基本原则,"聚全球英才、育创新团队、塑国际形象"的建设理念,对国外著名学者的研究成果进行了深度透视与全面把握,意在拓展原有论域,进一步深化学术研究、强化学科建设、服务国家需要。

译丛作品的原作者均在全球范围内享有学术盛誉,具有深厚的理论功底和丰富的实践经验,将这些国外德育名家的研究成果集中翻译并结集出版,高度体现了中心以全局性、世界性的眼光认识问题,致力于推动人文社会科学研究的范式创新与人文社会科学的繁荣发展。

译丛主要面向四大读者群:一是教育学、政治学、社会学、思想政治教育学等领域的科研工作者,二是教育主管部门决策者、高校辅导员、政府相关部门等行政人员,三是思想政治教育、道德教育、比较教育等相关专业的本科生与研究生,四是广大对相关主题感兴趣的学者、教师,以及社会各界人士。

译丛在翻译过程中特别注意原作者真实观点的阐释,同时立足于马克思主义根本立场、观点和方法,坚持中国特色社会主义道路的行动指南,对所选书目及其内容进行甄别。译丛在翻译过程中,由于需努力精准呈现原作者的思想,难免涉及国外的价值取向和意识形态,请所有读者在研习的过程中加以辨别,批判性地进行阅读和思考。

杨晓慧

2024 年 1 月于长春

中文版前言

一

1979年1月1日,中美建立外交关系,这一天对两国来说都是一个重要的日子。当时我在吉米·卡特总统领导下的政府工作,负责直接与总统对接美国的双边和多边对外援助政策。担任这一职务时,我并没有涉足中美关系,但我确实亲身体会到了卡特总统是一位多么杰出的领袖,特别是他在外交领域的作为。

在任期间,我访问了非洲、亚洲、拉丁美洲和南美洲的许多发展中国家。在访问过程中,我看到中美两国为了改善贫困人民生活,特别是在农业、粮食、能源、卫生和人口等领域所做的诸多努力。

我记得曾经在其中几次访问中设想过,如果中美两国能够开展合作,对发展中国家的贫困人民会有多大帮助。多亏了邓小平先生和吉米·卡特总统的领导,两国才走向了合作之路,我衷心希望今后两国之间的关系能够更加牢固。

1985年,在中美两国建交六年后,我和妻子埃伦访问了中国,出席上海交通大学和宾夕法尼亚大学的一个联合项目的庆祝仪式。在那次访问中,我们看到了中国是一个多么了不起的国家,包括它的规模、人口、经济以及历经几千年历史的文化。

二

在我第一次访问中国之后的几年里,中国逐渐在世界舞台上占据一席之地。当我和女儿伊丽莎白再次访问中国时,看到了中国取得非凡进步的有力证据。这次我是应东北师范大学校长的邀请,前来与生活·读书·新知三联书店签订协议,出版我在过去几十年里撰写、合著或编著的11本书,所有这些书都将被翻译成中文。主导这件事的是博学而亲切的蒋菲教授,她是东北师范大学思想政治教育研究中心道德与公民教育比较研究室的主任。

这11本书,连同几十篇文章,承载了我一生在诸多领域的学术研究成果,也反映了我在四所高校担任行政人员和教师以及在美国政府担任四个职位的多年经验。

我一生中担任过14个不同的职位,我妻子开玩笑地说我工作永远做不长久。我的第一份工作是担任勒尼德·汉德法官的书记员,他后来被公认为是美国在世最伟大的法官。当时汉德法官已经八十七岁,和我写这篇序言时同龄。他是一位极富经验的法官,在法官的岗位上工作了五十年,同时也是我的良师。

在担任汉德法官的书记员后,我曾短暂地从事过法律工作,因为我认为在担任法律专业教师前,最好先了解一下律师的日常工作,这也是我自己一直想做的事。但在从事法律工作不到两年之后,我认识的一位前哈佛法学院的法学教授艾布拉姆·查耶斯邀请我加入约翰·F.肯尼迪政府。查耶斯教授是当时的国务院法律顾问,是我的另一位优秀导师,我们后来共同编写了一本关于国际法的三卷本著作，主要是根据我们在肯尼迪政府和后来在林登·约翰逊政府的经历撰写的。

查耶斯教授回到哈佛大学后，我和副国务卿乔治·W. 鲍尔一起工作，他是我的另一位宝贵导师。像汉德法官和查耶斯教授一样，鲍尔先生向我传授了有关公共服务的宝贵经验，这些经验到现在仍使我受益匪浅，也引领我将公共服务视为一项崇高的使命。

幸运的是，斯坦福大学法学院邀请我做教师，讲授国际法，我不假思索地接受了，因为学校为我提供了我正想要的教学和写作的机会。五年后，我被选为学院院长。在任期间，我发现自己对一样事物十分享受，我称其为"制度架构"——有机会成为一个机构的领袖并使其发展壮大，且在机构中工作的人们可以得到所需的支持，以充分发挥其能力。

作为一名院长，我观察了美国各地法律服务的提供情况，发现在美国有相当一部分人在需要民事法律救助时孤立无援。杰拉尔德·福特任总统期间，美国正在组建一个新的政府实体——法律服务公司，我被选中担任这个机构的负责人。在这个职位上，我有机会学到了一门重要课程——领导力。与我做院长时一样，这份工作同时也让我了解到了美国贫困人口现状的严峻形势。为卡特总统工作的这几年，让我从全球视角进一步丰富了自己的经验，这有助于我理解发展中国家的严重贫困问题。

这些经历使我确信，我想为领导一所高校贡献力量。宾夕法尼亚大学给了我这个机会，校方选聘我为教务长，即首席学术官。这个职位让我了解到了一所优秀的大学是如何对教学、研究和服务提供支持的。在工作中，我也致力于培养学生具备公民参与所需的能力,这一承诺在我之后担任的职位上一直延续着。

在宾西法尼亚大学工作多年后,我开始意识到,如果有机会,我想领导一所著名的公立大学。当我被聘为印第安纳大学校长时,这个机会来了。印第安纳大学有8个校区,有超过10万名学生,其中位于印第安纳州布卢明顿的主校区有4.3万人。幸运的是,布卢明顿校区有一个规模巨大的亚洲研究项目,使我对中国及其邻国有了进一步了解。

在我担任印第安纳大学校长时,乔治·H. W. 布什总统选择我作为委员会成员加入一个临时的政府实体——国家和社区服务委员会,主要负责为美国所有年龄段的公民参与他们社区的公民工作提供支持。

后来我成为该委员会的主席,并帮助威廉·克林顿总统的政府制定法律。我在该委员会工作之余,又建立一个永久性的新政府组织——国家和社区服务公司。迄今为止,国家和社区服务公司最大的项目"美国志愿队",每年在全美21 000多个地点招募约75 000名男女公职人员参与公共服务。我在这个组织的委员会工作了八年,这份工作进一步加强了我鼓励每一个美国人参与公共服务的决心,无论是作为一份职业还是作为业余爱好。

我和妻子于1995年返回加州,我以杰出学者的身份在加州大学系统任教了五年,还帮助完善了该系统所有23个校区的社区服务学习项目。长期以来,我一直大力倡导将学术学习与社区服务联系起来的课程,如果能把这门课讲好,学术学习和社区服务都会得到加强。我在一个名为"校园契约"的全球性协会担任领导职务,并协助创立了另一个协会——美国民主项目。这两个项目都注重教育大学生积极参与公民活动,以改善其所处的社区。服务学习课程是这类教育的主要组成部分。

由安德鲁·卡内基创立的卡内基教学促进基金会于1997年迁入斯坦福大学校园,我以资深学者的身份加入了这一组织,并获得了与一群亲密的同事一起撰写学术书籍和文章所需的支持。

最后,在卡内基基金会度过了11年美好的时光后,在这个系列的第6本书出版时,我回到了斯坦福大学。这次是在教育研究生院任职,在这里我讲授高等教育领导与管理、高等教育中的教与学、慈善事业、美国民主等课程。我还为许多学生提供了咨询,包括一些中国学生。其中一个学生是我上一本书《公民工作,公民经验》的合著者,她的父母来自中国,但是她出生在美国。这本书在蒋菲教授的帮助下译成中文,并由该系列图书的出版社出版。

三

我坚信美国"公共参与奖学金"的重要性,这是一项学术工作,直接关系到未来公共政策和实践的形成,或对过去公共政策和实践的理解,包括教育学生具备在了解这些政策、参与这些实践中需要的知识、技能和素质。

我所有的书都在试图帮助美国政府决策者及其工作人员,或大学政策制定者及其教师和学生。这些书也反映了我在美国政府和三所不同大学——我先后成为院长、教务长、校长的大学里——收获的经验和见解。

这些书分为四大类。首先,有两本书是关于国际法的影响,其中包括我从美国国务院的职业生涯和斯坦福法学院的教学经历中获得的见解。第二,有两本书是关于法律教育的,借鉴了我在斯坦福法学院担任院长的经验。第三,有三本书是关于高等教育的,反映了我在大学教学和管理方面的职业生涯。第四,有两本书侧重于讲授道德、公民和政治责任,基于我自己在这个领域的教学、领导校园契约协会和美国民主项目,以及我任职国家和社区服务委员会委员和国家社区服务公司的经历。最后,有两本书是关于慈善和教育的,不仅反映了我的高等教育经历,而且也反映了我在美国两大慈善基金会董事会的工作,这两个基金会分别是公共福利基金会和理查德罗达·高德曼基金会。

四

我非常感谢东北师范大学和杨晓慧教授、高地教授、蒋菲教授,他们给了我很多殊荣。首先,他们邀请我去东北师范大学进行学术访问。第二,经由他们安排,我的著作得以被译成中文,我也非常感谢为此做出努力的生活·读书·新知三联书店王秦伟先生和成华女士,以及诸多译者,他们的辛苦工作保障了这项工作得以顺利进行。我希望这些做法有助于加强中美两国间的关系。我现在,以及会永远感受到,我与中国之间有一条特殊的纽带相连。

托马斯·欧利希,2021 年

目 录

致谢 1
关于作者 1
前言 1

一、商科博雅教育：一个综合的视角 1
二、商科与学院：建构希望,延续挑战 16
三、付诸实践：本科商科教育面临的挑战 36
四、博雅教育的内涵与相关性 58
五、博雅教育关键维度的教学 79
六、商科教育中的博雅教育 98
七、整合的结构性方法：制度意向性的构建 124
八、新议程：全球化与创业 148
九、前进之路 181

参考文献 202
索引 210

致　　谢

鉴于本书在研究与写作方面的合作性质，三位作者的名字已按首字母顺序列出。还有我们的合著者，乔纳森·R. 多伊尔，在本书写作期间她是斯坦福大学的博士生，同时也是我们的重要合作者。而第四章，对博雅教育的几个重要维度进行的论述则是由威廉·M. 沙利文完成，也参考了他早期的研究《实践推理》（沙利文和罗森，2008）。

我们写作团队也受到了其他很多人的帮助，我们在此对参与本书写作的各位同人表示诚挚的谢意，尤其想对参与我们研究的各单位的领导、员工、学生的配合与热情表示感谢。

我们也想对卡内基教学促进基金会表示感谢。基金会主席李·S. 舒尔曼从研究开始之初就为我们提供了理想的工作环境和许多好的想法。同时也要感谢他的继任者托尼·布雷克和基金会副主席约翰·艾尔斯，他们是我们研究的坚实后盾。

感谢我们的审稿人，萨利·布朗特、拉凯什·库拉纳和杰夫·内斯特鲁克。他们对我们的稿件进行了细致的校对，给出了许多指导性意见，帮助我们把这本书变得更加完善。

基金会前副主席帕特里西娅·哈钦斯在本书的编辑过程中也提供了许多帮助。她的贡献使得本书更具可读性，更具说服力。

我们还要感谢参与我们实地考察的其他同事们,托尼·西科尼、玛丽·胡贝尔、谢丽尔·理查德森耐心细致的观察极大地充实了本研究。

同时还要感激乔西-巴斯出版社的资深编辑大卫·布莱特曼,感谢他一直以来的支持与鼓励。

本研究和本书也得到了吉姆·斯里安妮的协助,当时她是斯坦福大学教育系的博士研究生,同时也是本研究的研究助理。梅根·唐尼和达尼娅·怀特也为我们的研究提供了重要的帮助,让本研究能够顺利地进行。

最后,我们要对资助本研究的纽约卡内基集团、考夫曼基金会、斯科尔基金会和蒂格尔基金会表示感谢。他们对我们的研究抱有巨大的信心,这促使我们完成了这本书。

关于作者

安·科尔比是卡内基教学促进基金会的高级学者、斯坦福大学的顾问教授。在 1997 年加入基金会之前,她在哈佛大学亨利·穆雷研究中心担任主任,曾合著或编辑了十余部著作,包括《道德评判的标准》《公民教育》《人们关心的事:道德承诺的当代生活》和《律师教育》等。作为一名发展心理学家,科尔比在麦吉尔大学获得心理学学士学位,在哥伦比亚大学获得心理学博士学位。

乔纳森·R. 多伊尔是卡内基教学促进基金会的合作伙伴。自 2005 年开始他就在基金会的商科教育、博雅教育研究项目担任助理。他拥有伊利诺伊大学香槟分校工程学、哲学和教育政策学位。2009 年秋天他成为国家科学院米尔扎杨政策研究会成员。2010 年获斯坦福大学教育学博士学位并全职加入了卡内基基金会。

托马斯·欧利希是斯坦福大学教育学院的客座教授。2000 至 2010 年他在卡内基教学促进基金会担任高级学者。他曾担任印第安纳大学校长、宾夕法尼亚大学教务主任、斯坦福法学院院长。同时他也是华盛顿特区法律服务机构的首任负责人,国际发展合作协会的首任会长,直接向时任美国总统吉米·卡特进行工作汇报。他在印第安纳大学的任职结束后,在加利福尼亚州立大学担任荣誉学者,并在旧金山州立大学开设课程,曾独撰、合著并编辑了十三部著作。同时他也是米尔斯学院的理事,还担任过宾夕法尼亚大学和本尼特大学的理事。欧利希是哈佛学院和哈佛法学院的毕业生,曾获得5个荣誉学位。

威廉·M.沙利文是印第安纳州克劳福兹维尔沃巴什学院博雅教育咨询中心的高级学者,曾担任卡内基教学促进基金会的高级学者,在那里与他人共同领导了基金会的专业技能预备项目。沙利文曾出版了六部作品,包括《律师教育》《工作与诚信》《高等教育新议程》《心灵的习惯:美国生活中的个人主义与承诺》等。在加入卡内基基金会前,沙利文是拉塞尔大学的哲学教授。他在福特汉姆大学获得了博士学位。

前　言

在《现代大学和现代学校》一书中，以创立卡内基医学教育基金会而闻名的亚伯拉罕·弗莱克斯纳曾清晰地阐述了他对现代大学的构想。该书出版于1923年，弗莱克斯纳认为在现代大学中，学生有三种发展方向——学者、专业技术人员和商人。第一部分由少数想要在高校继续从事研究工作的学者、教授或教师组成。专业技术人员指医学、法律、工程等行业的从业人员。最后，那些准备从事商业或贸易活动的人，即未来的商人属于第三类。因此在近一个世纪前，培养商科人才便已被视为高等教育的重要使命之一。

弗莱克斯纳相信无论学生选择哪种发展方向，博雅教育的学习都是必不可少的。弗莱克斯纳曾在约翰·霍普金斯大学接受过博雅教育，毕业后回到家乡肯塔基州路易斯维尔创立了一所非常成功的预科学校。对未来的学者们来说，尽管最终会专门研究某一特定的领域，但拥有博雅教育的背景还是很重要的。对未来的专业技术人员来说，这一论点可能具有争议，但弗莱克斯纳明确指出医学和其他"习得的专业技术"除外。那么对于第三类，众多想成为商界一员的大学毕业生呢？弗莱克斯纳同样提出了要进行博雅教育的观点。他认为，他的观点不仅仅基于博雅教育的技能、理解和价值这些深入刻画了商业世界的特点,他还认为与所有受过教育的人一样,未来的商界人士也要积极承担公民义务,为这一角色做准备是博雅教育最重要的功能。

在卡内基基金会中,我们一开始并没有选择去研究商科教育。相反,我们研究了那些在大学中有实践要求的专业技术领域。这意味着我们的研究中并没有囊括那几种许多学生选择学习的专业技能。事实上,近年来商科一直是全国范围内最受欢迎的本科专业。此外,普通公民与商业经营者的互动比从事其他职业的人更加频繁。

我们可能不总去医院看病,很少有涉及聘请律师的事务,与神父、牧师或者拉比这些神职人员可能一周都不会碰上一次,甚至根本没有交集。但商业世界却是我们每天畅游的海洋,包括买东西与卖东西、银行、精品店、月薪、拍卖房产这些事物。我们没有相关学术背景也可以从事商业活动(就像你没上过护理学校却可以包扎伤口,不是英语专业也可以读英文小说),但高校认为他们有能力,也有责任对商业从业者进行教育。本书力图寻找高等教育对商科学生总体知识和道德储备有特殊贡献的有关的例子来探讨这种说法的依据。

这本书从几个方面展示了 20 世纪 90 年代末至 2010 年这十余年间卡内基基金会的工作成果。在这段时间里,基金会同时进行多个平行的研究项目,这些项目在某种程度上相互独立,但又紧密相连。其中第一项是需要专业学术背景的专业技能教育工作。我们研究的专业技能包括法律、工程、神学、护理和医学等。我们还对教师教育进行了相应的研究,但这不是专业技能项目的一部分。这项工作是在威廉·沙利文和安·科尔比的协调下完成的。

第二项工作是研究高校如何培养学生在社会中参与民主生活和政治生活的能力。这项工作是在安·科尔比和托马斯·欧利希的指导下完成的。

此外,还有一些关于对大学生进行综合博雅教育所面临的挑战的探讨。这项工作由玛丽·胡贝尔和帕特·哈钦斯与美国州立大学与学院协会合作领导。威廉·沙利文和马修·罗森领导的一个小组探索了本科生如何整合博雅教育和专业学习,进行了题为"以实践为目标的心灵生活塑造"的研究,丰富了这一研究领域(沙利文和罗森,2008)。

这几项工作是一个更大的研究项目(也包括不同学科的博士研究)的要素,它说明了教育过程如何使学生做好成为专业人士的准备,引领学生运用智慧、技能和道德以造福社会。我们在每一项工作中使用的方法都是寻求"可能的愿景",而不是针对某一领域的典型事物提出批评。这就需要行业领导者们达成共识,以确定什么是行业内面临的最大挑战和那些需要用最具野心和最具创造力的方法来应对的挑战。在访问这些机构的同时,通常我们也会进行调查研究以挖掘更广泛的项目和观点,并举行小型研讨会来评价和批判这些工作。

因此,当学者们最终提出有关课程、教学法、实地考察或项目重组等的具体策略时,团队就可以指出我们可以做哪些工作了,而不是简单地猜测如果要做的话,结果会是什么样子。已有的论证可以推出未来的结果,它们表明原则上可以采用一定的教学创举。而教育工作者或决策者是否已经准备好了去进行资源、人才和意愿上的部署,推动这些创新从示例转变为现实则是另外一个问题了。

　　这本书的出发点是这样一个问题:"像一个受过教育的人那样思考生活究竟意味着什么?"本书早期经常传递的答案是一个受过良好教育的人有三种相互作用且互补的思维方式:分析推理,在面对复杂的决策或判断时有从不同角度解决问题的能力,有能力在所做的事和想成为的人之间寻找并建立个人意义上的联系。因此,良好的教育可以使学生在遇到问题时能够深入地、批判地且有条理地进行挖掘;能够从不同的角度分析同一个问题;最重要的是,培养自我意识和个人认同感,使这些能力能够很好地结合在一起。将多个分析角度,包括个人意义的探索、自我意识的发挥和身份认同的形成等相结合更是问题的关键。最终,这些博雅教育和专业能力并没有像复杂的拼图一样融合在一起,而是通过身份认同感和个人意义而整合起来的,因此这些理解和特质是一致的。

　　当我回顾我和同事们在卡内基基金会工作期间所做的许多研究时,当我们从描述、诊断和分析中寻求改变和改进的建议时,我发现每项调查都具有一个相同的主题。我们应当强调完整性,我多次发现,似乎困扰着本科教育和博士教育、律师和护士的教育、教师和商业领袖的教育发展的弊病就是学习经历的不完整性。

　　毫无疑问,高等教育培育出了专业性、独特性和分离性。大学的主要社会力量是离心式的,这种力量让世界变得更加分散,比如产生不同学科、领域和专业的工作。我们招募教师作为这些领域的专家,根据他们的贡献来提升他们,并根据他们的领域来组织我们的大学情况一览和图书馆。大学的困境在很大程度上是当教育的目标是教学生在现实世界的问题面前学会使用推理时，正是这种分离性使知识的增长成为可能，但会让人对其教育用途产生怀疑。学科专业化是拓展知识的有力手段，但不是应用的好方式。

核心问题并不在于专业化和学科投入本身。问题在于这两个部分仍然是分开的、不同的，没有互补策略或者诱因将其重组。我想起了1980年在莫斯科教育科学学院与波斯纳教授的一次谈话。他说："美国人没有理解个人主义和个性作为教育价值的重要区别。当社会重视个人主义时，它会鼓励个人专业知识及才能的发展，从而使其能够被用来为具有这些属性的个人带来利益和竞争优势。相比之下，当社会重视个性的时候，它也会培养个人的才能和专业知识。但是，当这些成就被用于更大的社会利益，而不仅仅是为了个人利益时，奖励和表彰就会随之而来。"在大学里，我们很乐意奖励个人学术和企业家的成就，但对于这些为了机构的教育和服务努力，而以合作的方式将人才重组在一起带来的挑战，我们所提供的支持却要少得多。

这本书充满了对教师、课程和学生表现的生动描述，它们超越了离心式的学术惯性。在这种惯性中，课程运动坚持不断更新学科概念，并随着时间的推移，它们的意义进一步分离。这些例子表明，这些问题是可以解决的，我们可以在所有类型的机构中举出有力的例子。那么，为什么这类倡议只能不定期地发生呢？

这种整合需要制度上的意向性，而不是平行发挥。只有当一名或多名教师准备离开他们感到舒适的个人专长的领域，与他们的学生一起进入多元的实践和实践推理的领域时，才能实现所提倡的整合。此外，他们必须积极地融合在一起。这种整合并不仅仅是将博雅教育添加到商业课程中,作为必修课或分配要求。相互灌输的博雅教育和专业发展,不像氟化水,以防止蛀牙。博雅教育和商科教育不会因接近性而互相影响。如果仅让商科专业的学生吸入柏拉图和爱迪生的"二手烟",这些教育目的是无法实现的。

改革建议的核心战略思想是我所描述的相互融合。作者规定了博雅教育的价值仅用以改善商科教育或广泛的职业教育和公民教育的弊端。这是一个更为激进的提议。他们声称,博雅教育本身也处于困境之中,往往是孤立地进行教育,并从人类和他们的问题中脱离出来,而这些问题是从人类和他们的问题中衍生而来的并与之相关。相互融合的概念表明博雅教育必须专业化,必须根据实际问题的背景来制定和传授,要通过博雅教育的思想和观点来丰富、细化和批判实际的学习。这些领域中的每一个部分都必须既是坩埚又是催化剂,以激发对方的教育潜力。这就是本书在研究的两个学术领域面临的最重要的挑战。互惠整合的概念需要所有从事本科教育的人的意愿和努力。

这项工作是由卡内基同事组成的"梦之队"进行的,他们共同参与了这项研究项目。发展心理学家安·科尔比在该小组中为我们理解整个生命周期的道德发展做出了独特贡献;托马斯·欧利希,曾是教授、院长、教务长、私立和公立大学校长,是国家级公务员,他的博雅教育至少应该归功于在埃克塞特的哈克尼斯桌上的讨论和哈佛大学的演讲厅的讨论;威廉·M. 沙利文是一位受过古典教育的哲学家,在过去的25年里,他做的社会科学研究和哲学一样多;乔纳森·R. 多伊尔是一位工程师,后来成为教育哲学家和政策学者,他以研究生的身份加入了该项目,并很快成为正式合伙人(同时还获得了斯坦福大学的博士学位)。我倾向于相信,这种跨学科的团队可以"只在卡内基"组建,但这是一种夸张的说法。当然,在一个由学术和政策组成的团体内,这要容易得多,因为不需承担正规院系、学科或学分计算的负担,甚至不需要"卡内基单位"。

呼吁课程、教与学、制度文化的相互融合,这似乎是我们的大学和学院要抵制的,我们的团队能不能想出一个更简单的解决方案呢?也许没有很快的解决办法。教与学的活动并不是给心灵衰弱的人的。教与学的根本转变需要智慧、坚韧和勇气。从这个意义上说,从弗莱克斯纳的医学教育研究开始,这项工作提出的建议确实与卡内基基金会的工作相呼应。按照弗莱克斯纳的提议采取行动,导致了一段令人痛苦的制度错位和创造性课程被破坏的时期。这些变化最终也需要修复和创新。

我们提出的"修复"商科教育的建议也是"修复"通识教育和博雅教育的不足的建议,尽管这些工作的重要性对我们的社会和领导人来说越来越明显。我们在其他书中提到的修复博士教育的建议也是至关重要的,因为我们不能忽视博士教育可以培养出未来的高校教员。它塑造他们的身份,塑造了他们的思维习惯、他们的学术和教学技能。

因此,经过十几年的努力,我们向高等教育提出了一项艰巨的挑战。如果你想在任何特定的教学领域,比如商科教育,做出更大的改变,那么你必须认识到,这会开始扰乱整个相互关联的类似大理石花纹的企业。如果当你开始工作的时候,没有任何问题出现,那很可能你已经错过了重点。

我和所有将阅读这本书并一起思考的读者,感谢作者们严谨的学术精神,引人入胜、清晰和启发性的叙述,以及它鼓舞人们面对挑战的特质。认真阅读这本书并不能给人带来一种舒适和满足感,但它确实提供了一种令人兴奋的景象。从1907年,当基金会的第一任主席亨利·普里切特邀请一位名叫亚伯拉罕·弗莱克斯纳的校长进入他的办公室时,他邀请他进行一项医学教育的研究的那一天起,卡内基教学促进基金会就一直在发挥这一作用。

李·S. 舒尔曼

加利福尼亚州,斯坦福大学

一、商科博雅教育：一个综合的视角

商业从未如此重要过。很多人都已经意识到，明尼阿波利斯市民的生活与广州、圣保罗或者孟买人的技能和抱负息息相关。发生在世界上人口最密集地区的人口扩张，尤其如中国、巴西和印度等国，给越来越多的美国工人和公司带来了竞争压力。人们不仅同身边的人竞争，也同远方的人竞争，即使有时也会在投资、贸易等领域展开合作。

在过去的几十年里，这种不稳定的相互依赖性越来越多地受国际贸易的控制，更多地被在全球范围内有紧密联系的银行和金融机构所影响。国家经济福利的"制高点"不再完全由政府掌控（耶金和斯坦尼斯劳，1998）。多种形式的商业活动已成为一股巨大的领导力量，影响着世界各地人民的命运。

在美国高等教育中，商科也比以往任何时候更加重要。最新的国家统计数据显示，2006至2007年间，21%的本科毕业生所修专业为商科专业。这表明商科是最受学生欢迎的本科专业。而如果将工程、护理、教育、农业等职业技术专业与商科专业融合后形成的专业也纳入统计范围，那这个比例将上升至68%（国家教育统计中心，2009）。

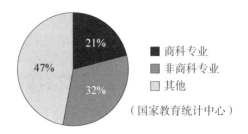

（国家教育统计中心）

同时，当前美国社会中商业机构的重要地位无形中也增强了一些商界领袖的声誉和权威性。商业思维模式也在诸多领域中产生了巨大影响，不仅包括政治领域，还有学术领域。

对高等教育而言，上述变化引出了一个重要问题。美国高校被赋予了重要的公共目的，培养民主公民。尽管帮助学生在商业领域开启职业生涯也是高等教育的重要目标，但考虑到商业在社会中所处的中心地位，选择商科专业的本科生和将要进入商业领域谋生的毕业生的数量太多这一情况，高等教育不仅要让学生们学到谋生的一技之长，还要承担更大的责任。为了确保毕业生有开阔的视野和对全球化时代生活的灵活理解，高等教育还需确保学生理解商业与社会的关系，并且能够基于这些理解成为专业商务人士或者公民。那么，问题是如何在这一点上做到最好？本科的商科教育应该为学生提供些什么？

BELL 项目

在本书中我们提出的解决方案就是 BELL（商科、创业及博雅教育，Business, Entrepreneurship, and Liberal Learning）项目计划，

该项目由卡内基教学促进基金会发起。简言之,我们认为商科专业本科生在进行商科学习的同时应该接受博雅教育。将商科教育和博雅教育结合才能帮助学生做好进入职场的准备,为社会做出贡献并实现个人价值。从这个意义上讲,我们提出了一个综合的愿景。

因此,我们的研究重点是如何将博雅教育与商业准备在本科课程中相结合,并探究本科商科教育该如何充分利用博雅教育所做出的贡献。我们对这个研究的理解也逐步被我们的观察结果所佐证,我们发现商科专业的学生对于文科和理科的体验通常是肤浅或不连续的。同时许多商科学生认为博雅教育课程与他们无关。基于前面讨论的所有原因以及随后的论述,我们认为这种状况是不容乐观的。因此,我们着手研究那些明确提到要让商科专业本科生从博雅教育中获益的课程,探究其课程设置原则以及所采用的各种策略。这些尝试为商科教育领域提供了经验教训,同时也为博雅教育提供了从商科教育中学习的机会,特别是提供了关于帮助学生在现实世界实践并学习知识的策略(举例参见舒尔曼,1997)。此外,将博雅教育融合在商科教育中的这一成功经验,对于想要进行融合的其他专业具有借鉴意义。

从这个意义上讲,我们将商科教育视为应用型专业这一更广泛现象中的一个例子,这一类专业旨在帮助学生直接进入就业市场做好准备。由于高等教育成本的上升和就业市场的挑战,当前学生和他们的父母均认为帮助学生做好进入职场的准备是高等教育的首要任务,这就可以很好地解释为什么大部分学生选择主修应用型专业这一现象。由于商科本科生比其他任何一个专业的人数都要多,因此在大学阶段学习商科的学生似乎应该具有一定的鲜明特征。但是，我们却没有发现相应的特征。本科商科专业似乎被广泛理解为一种简化的MBA课程。我们发现在同时提供MBA和本科商科学位的学院中，本科商科专业很少有其单独的教师或院长，其课程类似于研究生课程。本科商科专业一个更独特的特点是它既承担学生大学教育的任务，同时又要帮助学生做好职业准备。这意味着，在美国博雅教育传统中，学生需要在成为良好公民的同时，也要为进入职场做好准备。

反思本科商科教育

为了满足当今日益复杂的环境需求，本科商科专业应该帮助他们的学生理解商业在社会大环境中的作用。为了实现这一目标，商科专业应该培养学生的专业精神，这种精神是基于对商业使命的认同上建立的，即促进社会繁荣和增加公众福祉。要做到这一点，商科教育必须与博雅教育相结合。

我们认为，所有的本科教育都应该使学生对世界有一定的理解，同时明确本科教育在认识世界中的价值，使他们能够利用自己所掌握的知识和技能在这个世界中立足。同时，为了能对社会进步做出贡献，学生必须掌握各种知识体系。他们要学会从多个角度看待问题，这就需要他们用不同的方式与他人探讨问题和定义目的。这些都是博雅教育的特点。从这个意义上说，"商科教育应该为学生提供什么？"也是"大学教育应该为学生提供什么？"这一基本问题的一部分。

对个人受教育程度的研究表明大学教育可以对人产生显著的终身影响。大学阶段是学生（包括许多大龄学生）人生中的一个重要时期,在这个时期可以帮助他们重新认识自己。大学帮助学生更好地理解这个世界并培养学生在世界上立足所需的技能。大学教育能够使学生成长为一个完整的个体,完善他们的心智,提高他们的工作技能。大学教育有助于唤醒学生们的求知欲、促进自我反思,并能够帮助他们树立责任感,朝着共同利益的方向发展。

如今的教育挑战,是要让学生做好在一个增加人类福祉与关注生态环境并重的世界中生活的准备。在这样的背景下,大学教育比以往任何时候都更需要让学生了解世界并明确自己的定位。除此之外,高等教育的使命是帮助学生成长,以便他们有能力,并愿意为他们所在的时代做出贡献。博雅教育一直推崇上述理念并体现在对职业准备核心观点的定义中。由于商业在当代生活中的普遍性和重要作用,这些目标在当前本科商科的教育中变得尤为重要。

狭隘的观点及不当的联系

如所有形式的职业准备一样,商科专业让学生潜心学习这个领域特有的价值观和思维模式,而在商科领域中最突出的就是市场规律。但这种潜心学习所带来的弊端就是学生可能会忽视商业运作中需要了解的机构部门和多元化的价值领域。这个并不仅是理论层面上的担忧。我们发现即使在高质量的课程中,也会听到学生反映,他们专业传递的思想是"一切都是商业",完全忽视他们的家庭、宗教教会、社区所代表的不同价值观。

像所有本科生一样,商科学生需要能够掌握多元化的思维和行为方式,因为这是当代世界的一个显著特征。尤其重要的是,商科学生一方面要学会识别和区分商业和市场的主要逻辑,另一方面也需要了解在家庭领域、科学领域、教育领域、艺术领域以及民主政府中主导的价值观和行为方式。商科毕业生需要学会适应不同价值观和行为方式。同时从内、外两个角度了解商业及其逻辑性,对于学生是十分有利的。

我们认为,使学生掌握多元化的价值观以及了解社会环境是本科商科专业的薄弱环节。大多数商科专业要求学生选修大量的商科以外的文理科课程,如英语写作、文学、历史、社会科学、科学和数学。然而,这些课程往往与学生主修的商科课程之间缺乏很好的协调性和关联性。当前整体的课程设置可以被理解为"杠铃结构":杠铃每一个末端都承载着重要的知识课程体系,但两端课程体系之间的衔接部分却很薄弱。杠铃两端的课程往往由不同的教师团队教授,而这些教师通常来自不同的学校或学院,他们与另一边的同事几乎没有联系,因此导致当前"杠铃"两端之间的"关联度"也很少得以增强。

但是,这种课程设置并不是支持高质量、互联式学习的最佳方式。近几十年来,对人类学习的研究表明,有效的学习在很大程度上取决于学习者的意图和动机。商学院学生认为大学阶段最重要的学习成果就是为进入职场做好准备,那么如果博雅教育的目标与学生现有的兴趣相近,那么教育的目标将更容易实现。

博雅教育有可能拓宽和重塑上述狭隘的商科教育观点,但为了实现这一目标,学生必须从文科和理科的角度出发,探究其是如何以及为何开放的,并帮助他们深入理解所关心的事情。这就需要一种能够系统地引导学生将博雅教育与商科教育联系在一起的教学方法(库,2008;国家研究理事会,2000;帕斯卡雷拉和特伦齐尼,2005）。

综合视角

本书的目标是通过聚焦及整合杠铃两端课程的方法来激发和促进关于商科教育及其未来发展的全国性讨论。我们设想的商科教育应该更像是"双螺旋"结构,而不是"杠铃"结构。借助于沃森和克里克发现的 DNA 模型,我们提出将"双螺旋"模型作为本科商科课程的结构。这一结构指出,要将学生学习商科与他们使用的可以为他们提供更广阔的世界观的文理学科联系起来。

这不仅仅是一种含有可能性的构想。正如我们将在后面的章节中说明的那样,我们发现很多课程和专业正在用这种方式来使用社会科学和人文科学学科的一些观点和工具。我们第一次在圣塔克拉拉大学感受到了"双螺旋"式商科课程。这所高校开展了类似的课程计划,我们注意到人文科学用于了解企业发展所依赖的其他机构部门的功能,例如由政府组织的公共教育系统,以及企业影响其他体制脉络的方式。通过"双螺旋"式课程方法,教师和学生都可以培养驾驭多元价值观和掌握商业逻辑的能力,这也标志着他们的毕业生能够在现实世界中成为具有商科专业知识的专业人员和公民。

而在缺乏这种综合意识的情况下,本科商科教育往往就会变得很狭隘。因为它不能让学生较为深入和灵活地理解商科领域中所使用的工具和所提出的概念。这将导致学生把这些概念性工具视为对现实的简单和完整的描述,而不是用于特定目的的假说。这将限制学生思想的发展,而且也有可能抑制创造性思维的形成。

相比之下,当有意将商科教育与博雅教育结合时,也就是前文所提到的"双螺旋"式教育,那么学校和教师可以帮助学生实现更高层次的教育目标。他们还可以更有效地增强学生对企业如何与社会、环境相互联系的认知能力。在商科教育中采取这种综合方法需要进行艰难而宏大的改革,但这就是创新的本质。从历史观点上说,在当前的校园实践中想要实施,还需要很多方面的创新。

研究设计

我们通过广泛地调查商科专业,阅读该领域的教育文献,以及访谈具有专业知识和经验的人来进行我们的研究。我们还从卡内基早期关于护理、医学、工程和法律的研究中提出了一系列想法和框架(本纳、萨特芬、莱纳德和戴,2009;库克、厄比和奥布莱恩,2010;福斯特、达希尔、戈尔蒙和托伦蒂诺,2006;谢泼德、马卡坦盖、科尔比和沙利文,2009;沙利文、科尔比、韦格纳、邦德和舒尔曼,2007)。

为了扩大研究范围,在 2007—2008 和 2008—2009 学年期间,我们选择了十所大学进行实地考察。我们选择学校的第一个标准是该校致力于通过适当的教学方法将博雅教育和商科教育视角融合在一个课程中。

为了确保我们掌握的范围足够广泛,我们还希望能够了解各种专业类型,同时我们还去了几所大学的商学院,其中之一是印第安纳大学凯利商学院,并了解了凯利商学院艺术与科学学院中的人文科学管理专业。我们还调研了三所私立大学商学院,包括宾夕法尼亚大学沃顿商学院和纽约大学斯特恩商学院以及麻省理工学院斯隆管理学院,了解了其管理科学专业。我们参观了百森商学院和本特利大学,这些院校最初是以商学院为雏形建立的,但目前均已经发展成为四年制大学。除此之外,我们还调研了博雅教育较为突出的莫尔豪斯学院、富兰克林与马歇尔学院。我们的调研地点还包括加州耶稣会机构圣塔克拉拉大学以及俄勒冈州的波特兰州立大学(参见"调研高校名称")。

调研高校名称

百森商学院
本特利大学
富兰克林与马歇尔学院
印第安纳大学,布卢明顿分校(凯利商学院)
麻省理工学院(斯隆管理学院)
莫尔豪斯学院
纽约大学(斯特恩商学院)
波特兰州立大学
圣塔克拉拉大学(利维商学院)
宾夕法尼亚大学(沃顿商学院)

我们的实地调研持续了几天。在那段时间里,我们与教研人员和学生进行了交谈。我们还与商科以及文理科方面的院长、教师以及学生进行了深度交流。我们体验了商科学生的专业课以及商学院的人文社会科学类课程,尤其特别关注那些将两个领域教育经验结合在一起的课程。我们试图了解商科学生课程中所采用的教学和学习方法、知识以及社交技能、学生的考核方式,以及教师有意向学生传递或者学生认为非常重要的不同的道德意义和专业认同。我们分别采访了文科、理科和商科教师,并与文科、理科、商科的学生以交流小组方式进行了讨论。

我们安排上述采访和交流小组讨论的目的是了解教师和学生的商科教育经历,以及商科教育是如何通过博雅教育中的方法和内容而被丰富和修改的。为了充实我们的总体调研,我们还了解了学生的课外活动以及整体校风。我们采访了在校学生以及我们所研究专业近期毕业生的学生事务职员和学生指导老师。通过与他们交流,我们了解到商科教育如何提高学生的理解力和识别力,以及商科内容与人文科学观点融合的方式将如何扩展和丰富这种理解并为学生创造更多可能性。上述的观察以及访谈也是本书在以下章节中提出的论点的基础。

内容概览

基于上述的讨论,第二章我们将在更长远的背景下开展研究并提出建议。为此,我们回顾了商科教育近一个世纪的发展过程。为了更好地应对商业和社会的需求以及问题,商科教育已进行过多次重塑和改革。实际上,该领域历史发展中的许多问题在当今社会仍然很突出,在某种程度上它们是当今挑战的根源,但同时也是应对这些挑战的突破口。

第三章我们将转向当今本科商科学生的经验。我们这里不仅讨论了与某一特定机构的交流和观察,还讨论通过研究和实践为人所知的有关本科商科的更大的世界。我们的研究结果既指出了商科课程的优势,尤其是他们关注学生在真实世界环境中应用和使用知识能力的特点,又指出了其要求从文科和理科中获得更多更强大的知识、语言和思维方式的局限性。我们对商科教育优势和局限性的理解反映了我们对商科及文理科专业学生目标和态度的了解。

第四章阐述了博雅教育的规范模式,包括目标以及其独特的思维模式,我们将其定义为分析性思维(Analytical Thinking)、多重框架思维(Multiple Framing)和反思探索思维(Reflective Exploration of Meaning)。我们的目的是阐述这三种思维模式所包含的内容,并说明它们如何通过专业教育的实践推理形式进行补充和丰富。本章还将本科商科的专业准备与其他形式的专业准备进行了比较。

第五章描述了在我们观察的课程中运用的第四章所描述的博雅教育中的一些方法,并考察了它们在不同领域课程和学生群中的流行程度。我们希望通过实地调研学校可以获得具体的实例,说明这些商科以及人文学科教师如何实现这些学习目标,同时让读者了解哪些目标被很好地完成,哪些目标受到了更多的关注,以及从实践中可以学到什么。

第六章内容侧重于整合博雅教育和商科教育的教学策略。我们强调了一些针对本科商科教育特点的教学方法,同时也看到了一些重要但还未被商学院学生广泛体验的教学方法。在本章中笔者建议,文科和理科教师可以从商学院的同事那里学习很多东西,就像商学院教师也可以从更具文科特点的博雅教育的教学方法中获益一样。

第七章内容探讨了超越单一课程和课堂实践的不同课程模式,这些模式有望将商科和博雅教育联系在一个整体中。本章还提出通过学生建议、教师发展、课外体验和校园文化可以完善、强化"双螺旋"式课程模式。那么为完成这些方面,笔者认为制度和投入是至关重要的。

第八章探讨了商科课程中的两个新兴话题:全球化和创业。这些主题为将商科和博雅教育联系起来提供了肥沃的土壤,从而更有效地帮助作为全球公民的商业领袖做好准备。本章提出了提高全球竞争力和进行创业的教学方法,将这些主题与博雅教育的内容、目标和实践紧密联系在一起。

第九章论述了反思商科教育的重要性,并强调了五条广泛的变革建议。我们的重点就是我们核心论点的含义:为了在当代商业环境中增加价值并为世界做出更多贡献,当前学生的商科教育中需要加强博雅教育,这是一种与他们为商业生涯的准备有意整合的方案。本书最后总结了一些实际案例,可以帮助学校开始这个注定长期但又迫切的转变过程。

适于教学的时机

由于研究时机不当,我们在扩大对本科商科教育的研究中遇到了阻碍。在我们校园调研的过程中,2008年经济危机爆发了。随着危机的日益严重和范围的扩大,我们发现这是一个好的教育时机,因为大家都在分析和讨论诸如危机发生的原因、如何回应,以及采用什么方法能够防止危机再次发生。为什么这种危机会发生并且具有如此大的规模?谁做了什么?它与经济大萧条等其他经济灾难有何相同或有何不同?成功的经济是什么样子的,以及我们如何能够确保其可靠性?商业专业人士在确保经济成功方面又应发挥什么作用?当然还包括,接下来应该做什么以及应该由谁来做?

上述提出的问题代表了商科课程的一个巨大机会,通过商科学科的分析方法用于解释危机的发生原因和不同维度,以验证商科的学术价值。医学和工程等专业非常关注通过反思失败经历作为改进未来实践的方法(库克等,2010;谢泼德等,2009)。那这场危机对于商科来说似乎是一个类似的机会,用来检验其思想、模型、思维模式的优势、劣势等。

当然,我们看到了一些这样的反思和探索。在第五章中,我们就描述了这样一个例子,一门课程如何抓住这个机会进行反思和变革。但是坦白地说,大多数情况下,这样的可教学的时机似乎都被错过,并没有成为教育的机会。

我们期望看到商科专业探讨这场可怕的、大规模的且破坏全球经济体系的灾难。但是在我们所调研的机构中,这场危机仅被看作一个自然事件,就像风暴来袭,是不可预见的,也是无法理解的。在我们观察到的课程中,对于这场经济危机背后的制度背景和公共政策几乎没有做系统的、有规律的考察。

这是令人惊讶的,特别是考虑到近十年反复出现的危机,如2000年互联网泡沫的爆发,之后的安然公司和世界通信公司在2001年的失败,每一次造成的巨大财产损失已经揭示出整个经济领域中会计、管理者、投资者实践经验的严重不足。至少在我们的观察范围内,尽管有学生和教师被此次经济危机所震慑,但是很少有人有动机去深入研究如此大规模的经济危机是如何发生的。和我们交谈过的许多人还似乎希望以某种方式解决此次危机,以便他们能够像往常一样继续交易。他们之前对商业世界运作的理解是如此固化,以至于即使面对大量问题时,商科教师和学生也都没有打破这些原有想法,产生发现可供选择的视角和新方法的需求。

与此同时,这场经济危机不仅暴露了商科本科教育的问题,也暴露了整个本科教育存在的问题。要想从教育角度理解这场危机,就必须将博雅教育与商科都囊括其中。当这场经济危机出现时,学校却不能利用这次机会来提供相应的课程设置和经验分享,让学生参与到这种时代大事件中,这不仅揭示了商科课程的狭隘性,也揭示了文科和理科课程的狭隘性。

此外,这次机会的错失也暗示了本科课程设置急需调整,以确保学生毕业时能够成为具有自我反思思维的商科专业人士,而不只是简单的技术人员。美国高等教育的强大实力,即其相对于全球所具有的优势就体现在美国致力于博雅教育的发展,即让本科生全面地了解世界,鼓励他们通过不断探索加深对世界的理解。在技术竞争的世界里,这被认为是美国高校可以建立的关键优势的关键所在(国家工程院,2004)。我们相信,商科教育也可以通过结合博雅教育来提升这些品质。

☆

2008年金融危机并没有让很多人学到经验教训,但这并不令人惊讶,因为从失败中学习、总结经验并不容易。课程的完善需要时间的沉淀、系统的梳理,从而产生其他思维和行动方式。这次金融危机代表着一种巨大的干扰,对商科理论的一些关键假设产生了影响。但是,与商业本身一样,商科教育必须不断提高学习和变革的能力。

正如我们在后面的章节中将要详细讨论的那样,美国的商业准备面临着新的不确定性和复杂性。例如,似乎非常清楚的是,商业部门将越来越多地与政府、非营利组织和科研部门相互联系,特别是企业要在全球化进一步加强的大背景下运营。

在这种全球视野中,人们也越来越清楚地认识到,商业行为所处的环境并没有高度技术化的商科教育模式所设想的那么稳定。因此,对于理解和协调不同社会环境的能力的需求不断增加。这反过来就要求商科专业人士思想的广度和灵活性,而这正是长期以来博雅教育的培养目标。

出于这些原因,我们认为现在是重新架构本科商科专业课程的时候了。我们的调查也旨在为此做出些许贡献。

二、商科与学院：建构希望，延续挑战

我们承接这个研究时正值美国和世界经济的转折点，2008年经济危机的影响和后果如今已充分显示。但是从某种意义上说，这也是一个分水岭，让人们开始质疑之前一直视为理所当然的美国和全球经济的运行方式。商业领导者们从未遇到过像今天这样复杂脆弱的局面，其与每个全球经济的参与者都息息相关，同时一些能够带来直接利益的行为并不惠及所有人的趋势也越来越明显。简言之，如今新的经济局面对商业行为、领导力、专业技能和商业的目的等方面都提出了全新的问题。

这些新问题给商科教育也带来了挑战。如今的商业特点要求专业人士对这个世界有着更广泛、更全面的认识。我们更应注意人与自然的关系以维持一个可持续发展的环境。未来的商业活动需要领导者有战略眼光，不仅仅从对公司有利的角度去考虑问题，还要考虑商业活动会对社会的其他方面带来怎样的影响，比如政府、教育、文化、社群等。思考这些问题，我们需要了解不同的社会领域是怎样限制或支持商业活动的，尤其是怎样与商业活动赖以生存的大环境进行互动的。

为了实现这些雄心勃勃的目标，这要求商业从业者不能只提

供相应技术,更应该是具有责任意识的行业精英,能够与医疗、工程、法律等领域的代表性人物相匹敌。这种要求并不新鲜。实际上,当我们谈论本书的主题时,之前的其实都是序言,因为在一个世纪前该领域创立时我们就意识到对学生灌输商业活动及其对社会的影响是一个很重要的环节。在这一章节,我们会回顾商科教育的创立、改革与变迁以及商业行为本身,以体现博雅教育和商科教育相结合的影响。

当商科成为一门学问

商科教育在美国有着明确的开始时间、起源地、发起人和授课目的。1881年,宾夕法尼亚大学的创始人约瑟夫·沃顿,他是费城铁镍金属制造厂的老板,当时著名的商业领袖和公民事务领袖。沃顿花了很大的气力,还送了很多礼物,才说服了宾夕法尼亚大学建立一个具有全新概念的学院,这个学院为本科生授课,同其他学院平级。他的目的是将现代金融和经济知识系统结合并传授给学生,以代替当时临时性的课程并提升博雅教育的影响力。沃顿还特别关注当时的新兴学科——经济学和政治学。拉凯什·库拉纳在他的《美国商科学校的社会历史》一书中强调:"沃顿在大学里创立了新的班级来培养企业家,这些企业家将会成为同时具备专业技能和处理人际事务的人才,他们可以用社会科学和在沃顿商学院学习到的职业技能处理实际问题,这深深吸引了沃顿和同时代的人(库拉纳,2007:106—108,引自沃顿商学院的史蒂文·A.萨斯)。"

沃顿商学院自此开始尝试结合博雅教育和商科教育,以培养高质量的人才。这与其他大学开始建立健全医学、法学、工程学人才培养的时间基本相同。19 世纪美国的这些人才培养专业化的举措是划时代的。虽出成果的时间较上述几个领域晚一些，但在约瑟夫·沃顿和哈佛商学院系主任华莱士·B.多纳姆等有识之士的带领下，商科教育还是取得了长足的进步。正如库拉纳指出的那样："新时代的美国大学给一些新兴的职业小组划拨了场地，以便实现共同目的，开始共同行动。一种共性的来自各高校共同的经历，使这些专业化的职业从各所大学的建校理念中汲取职业目标和道德权威。这种超越工具性的功能关注人们工作角色中的传统职业表现……大学把对世俗知识的追求转变为一种事业（84 页，原文为斜体）。"

专业化运动

指导这些专业化运动的理想特征是社会托管制度。正如吸引沃顿的公民服务理念一样，这一概念意味着，职业代表着关键社会职能的认真履行，如公民秩序和正义、健康或教育。其成员有很高的责任感，以最开明的方式来实践他们的技艺，因此以社会福利为指导宗旨的大学培训尤其必要（布林特，1994；沙利文，2005）。诚然，专业化的理想在这场走向专业化运动中，不是唯一起作用的力量，管理专业化的努力往往反映出对提高人的地位（因此也提高收入）的关注（布莱德斯坦，1976；拉森，1977）。然而，重要的是，商科教育一开始是为了将大学培养作为一种向当时新兴的经理人职业灌输一种明确公开的目标理解的方式。为此，以博雅教育为基础的教育被认为是必不可少的。

但是，导致这些创始人跳出会计室、银行或者企业的传统观念的是什么呢？沃顿和他的同僚们正面对的、参与打造的商业世界面临着巨大的经济转型。

截至19世纪末，大型的工业企业如通用电气、卡内基钢铁公司和洛克菲勒标准石油公司已经可以控制全球的工业活动。这让他们可以免于遭受小型企业在日常竞争中面临的挑战。相应地，这些企业能够开发出价格更高昂但最终带来更多增长和利益的技术。正是新企业的兴起使得对经理人的需求正在上升。有时竞争会让企业走向垄断之路，虽然仍有创新性但同时也要回应员工和社会的需求。希望职业经理人能够像其他专业人士所期望的那样，具备在法律、医学、教育、新闻等领域管理和开发企业资源的能力和积极性（钱德勒，1977）。

这一系列的希望和发展是大学商科教育孕育的背景。事实上，此时美国的大学正在经历一场自我的管理革命。首席执行官越来越多地成为负责行政人员管理的专业人员，而首席执行官又为董事会提供服务。许多受托人和新大学的财政支持来自同样大的企业和成功的商人。同时，在一定程度上受到劳工动荡的刺激，民众为了合法化甚至道德化商业实践，对公司滥用职权进行了抗议。而大学对企业人员的商科教育正好符合这种改革的氛围。

同时，这种情况使经理人认同其公司也违背了他们由公民责任界定的作为独立职业的自我意识。虽然人们期望企业领导有一些社会托管制度的表现，但大部分经理人都寻求成为高效的商业技术人员，通常还拥有某种特定的专业技能比如会计、金融、管理和市场营销方面的知识。他们的首要目标是使公司尽可能高效地运作，以提高其战略地位，并回馈其投资者。这个年代在由新技术发展而来的公司中,提高资源(特别是人力资源)的使用效率和生产力的工程动力似乎是一种自然的方式和公司发展的目标。在这种环境下,公众的目的往往仍然是官方声明和公关需要考虑的事情,在这段时间里不巧的是,新的工业也被发明出来。

分裂的形象:商科专业知识中未解决的问题

在大学商科教育的发展初期,管理专业的性质本身就已经是一个颇具争议的领域。将管理作为一种面向公众的经济管理职业的愿望与将经理人塑造成技术专家的观念相抵触,此处的技术专家在经营中遵守规则,并具有功利主义的品质。这个时代的一些改革者们,例如弗雷德里克·温斯洛·泰勒,主张推动第二个选项,他认为更科学的工作组织方式将会解决20世纪初困扰美国的社会两极分化问题。另一些专家,如路易斯·布兰代斯也对泰勒的观点表示赞同,在泰勒的新管理科学中,他看到了提高社会公平的办法,因为更高效的社会生产保证了更大、更普遍的繁荣。专业化公民理想的倡导者,例如赫伯特·克罗利,则反对他们的观点:当前我们最需要的是能在飞速变化的商业环境中兼顾利益和社会责任这两个相互冲突的目标的经理人。在他们的观念里,经济效率是一种手段,而不是目标,人们必须根据不断变化的社会目标来进行重新调整(沙利文,2005)。

在这场辩论中,对商科教育的支持度很高。如果作为商科教育的一个严肃的目标来看待,理解和平衡战略目标与社会责任需要同博雅教育建立牢固的联系,以确保未来的管理者既能掌握多重目标的复杂性,又能对相互冲突的事实予以解释。相反,如果经济效率和技术生产力是唯一的或占主导地位的目标,管理的准

二、商科与学院：建构希望，延续挑战

备工作则会更狭隘地集中在技术和经济能力上。这种专业管理身份的分裂形象给商科教育带来了一个问题，正如我们将在下一章中提到的那样，这个问题仍然没有解决。

很明显，新成立的大学商学院只能部分实现其传播知识和培训的意图，而正是这些知识和培训可以为那些作为专业社会受托人的管理者提供强有力的指导。如果经理人没有类似律师、医生或教授那样的专业知识，他们就不可避免地会被其所在公司所认为的那样去塑造。因此，商科教育家也免不了要面临现代职业教育的种种挑战，比如为大学带来分析和概念上的资源，把某一领域内最优秀的从业者的技术知识牢记于心，还要在一定标准下为达到平均水准的学生定制个性化的学习方式。

这样一来，医学和法律教育的先驱们希望能让他们的知识变得更加易于理解，而对其感兴趣的其他人也可以利用这些资源。同时，他们力图通过提供悉心指导和练习的方式来提升他们在这一领域内的表现。我们在这些学科的调研结果显示，大学鼓励学生们加深对自己所在行业的知识和应用的理解。

商科学校对管理学成为一门专业的贡献可能包括发展出一种与其他寻求指导的职业平行的专业知识。这个未解决的问题的答案与达到目标所需的知识有关，这个答案叫商科教学的规范性实践知识。这种知识与科学上讲的理论知识不同：通过调查得来的、本身不含道德意义和价值的事实与原则，比如物理学的万有引力或化学变化原理等。这种知识来源于观察世间万物，记录它们的变化并且探究原因，是通过观察外部世界而获得的知识。

作为对比，规范性实践知识需要参与度。这是观察内部世界

得来的知识,对探究复杂社会关系的动因有帮助。换言之,与纯科学知识不同,这是一种由事件在特定环境下对行为人的意义所形成的理解。

所有类型的规范性实践知识的最大问题是如何恰当判断我们身边的情境。关于这一问题的解答有很多种,却都不可避免地关系到道德选择:我是谁?我要做什么?我对谁负责?这些责任意味着什么?在这种情景下,回答这些问题需要明白我们是谁,我们面临着怎样的局面,我们在整个关系网络中处于怎样的位置。

专业人士们也必须在解决问题前与客户互动以定义那些模糊的问题。因为情况总是在变化之中,专业过程可以被编成法典,在某种程度上变成明显、清楚、易懂的技巧。除此之外,当决定什么时候使用既定的技术惯例时,判断力就需要发挥作用了。这不可避免地给专业实践带来了紧张感。时至今日,在医学等领域还有着持续的关于如何履行正常程序的争议。争议的焦点在于应该支持还是削弱专业判断的作用。争议点很明确:专业知识最终是服务于实践而不是理论,但是实践总是有着不确定性,无论实践中隐藏的事实和原则多么清晰。比如对于一名优秀的医生或律师的专业知识来说,培养良好的判断力,才是职业教育中实践知识的目的。

商科教育先驱们的愿望是新兴社会科学、会计学和商业经验研究可以为企业提供可供参考的事实与原则以培养其专业判断能力。但终极性的教育目标是培养经理人的判断力,这需要学生可以自行解读社会科学研究所发现的事实的人文意义,也需要随机应变的能力。这种解读,像沃顿等先驱们所预料的那

二、商科与学院：建构希望，延续挑战

样,是人文学科和其他博雅教育研究的特有领域。但对于专业人士来讲,培养判断力和习得规范性实践知识只会在那些有职业道德、有责任心的学生身上出现。类比商科教育汲取了临床教学和法庭判决的经验。事实上,哈佛商学院院长多纳姆所使用的著名的案例教学法也模仿了哈佛法学院的案例对话教学法(加文,2003)。

在20世纪早期这种充满争议的环境下,人们关于这些责任并没能达成共识。关于经理人和企业的人文意义和道德功能的重要性更是未能达成一致。这些问题如今还是政治和社会上有争议的问题,而并非直接的实证研究证据带来的问题。搁置问题会让商科学校变得"瘸腿",因为他们无法全身心地去发展规范性实践知识,而这却是管理学专业化赖以生存的根基。管理学有一系列的步骤,包括决策、估量、审计、问责等,由经理人去逐渐有技巧地运用,这种观点成为默认的事实。这样的培训可以绕过如何去教授复杂实践推理(第四章我们会介绍这一概念)这一被描述为领导力的问题。虽然商业实践实际上可能基于上述技巧,但它们在商科教育中却并不被重视(坎特,1977)。

商科教育者们持续面临的问题是如何防止培养良好判断力这一复杂任务,被培养学生使用概念技巧解决技术问题这种更简单的任务所压制。诚然后者非常重要,但商科专业化过程对前者,即规范性实践知识的需求更为迫切,尤其是需要教授平衡和协调内在矛盾的技巧。这意味着要公平地对待商业活动参与者的利益。这成为重中之重,因为商业如今已与生活的各个层面交织在一起。

学术上的困难

公司官僚主义形式的统治所导致的困难往往使规范性实践知识和判断服从于严谨的程序和规则,也挑战了商科教育发展成为一个专业领域。学界内部也存在一种强烈的批评和敌对趋势。20世纪初的大学在早期美国高校的基础上增加了以德国大学为蓝本的研究机构的上层建筑和目标。19世纪的高校过去是教学机构,强调通过道德哲学课程整合传统文理科课程,研究型大学卓越的学术水平与研究型企业的严谨性相提并论。哈佛大学、耶鲁大学、普林斯顿大学和大多数美国大学都从这类院校发展而来,将自己重塑为以往的院校和新型研究部门的混合体。然而,其中第一个是约翰·霍普金斯大学,该大学由一位成功的工业企业家资助,用以倡导现代研究的理念。

1930年,约翰·霍普金斯大学的优秀毕业生亚伯拉罕·弗莱克斯纳,因极力促进医学教育改革而闻名,激烈地攻击了把商科纳入大学教育范畴这一举动。在他的著作《大学》里,他抨击道:现代商科根本算不得一门职业。"(商科)是精于算计的、充满能量的且耍小聪明的,但在本质上并不智慧,它的目标永远是自己的利益,而不是像法学、医学和教育学这些学科有着高尚的目标(1930,164页)。"

此外,弗莱克斯纳认为由于商科领域相关学科既不产生也不教授自己独立的知识体系,所以"像芝加哥或者哥伦比亚这些有着商科的本科院校未能很好地进行自己的通识教育",而且"长期看来,从职业的角度说,这些东西并没有太大的意义(162

页)"。虽然弗莱克斯纳认为我们有很多理由去用社会学和经济学知识去研究商科教育这一现象和其中的问题,但这已经超出了大学的职权范围(165页)。

弗莱克斯纳的评论概括了当代研究的标准目标,包括商科学校在本科阶段的目标,而且他认为这些目标在未来都会成为商科课程在学术上的价值。这样一来,他产生了一种观点。和部分正式学科一道,商科项目经常由退休的商务人员主持,但这些人并不具备学术兴趣也未接受过学术指导。事实上,在许多地方,在这一阶段发展起来了许多研究生商科项目,比如哈佛和达特茅斯学院,因为这些学校拒绝承认商科教育在本科生阶段的地位(库拉纳,2007)。此外,商科项目的学生们因其对学术成就或学校领导支持的所谓更高目标的漠不关心而臭名昭著,一个典型的例子就是"在三十岁前赚到100万美元(库拉纳,2007,181页)"。

即便如此,驱动商科专业化的脚步从未停止,但更多的是由学术界来推动的而不是商科从业者本身。虽然弗莱克斯纳声称商科教学是反智的,但是不亚于其他学者。哈佛哲学家怀特海却认为商科专业化是合乎情理的,同时也是大学教育的重要一环。在1928年哈佛商学院建立25周年庆典上,怀特海受多纳姆邀请进行发言,他将商科教育同其他学科联系起来,认为它们有着共同的目标,且这些学院与大学的社会意义息息相关。它们营造了具有创造力的社会环境,来自大学核心传统的智慧与想象力在这里进行碰撞,与人们的实践热情相交叉。

怀特海断言,"商业行为现在需要的智力想象与过去那些其他职业(法律、神职人员、医学、科学)相同。大学存在的正当理由是它保持了知识与生活的热情之间的联系"。怀特海称之为

"复杂的现代社会有机体,不能脱离智力冒险的生命冒险"(怀特海,1967:92—95)。值得注意的是,他继续挑战所需关注的特定目标(如商业利润)与另一方面对企业特殊利益(如如何能够促进企业特殊目标)之间的潜在破坏性的紧张关系,以及利用人类文明的各个方面的价值观。这是对商科教育的定义目的的描述,可以满足弗莱克斯纳的批评。

升级:发明商科学科

20世纪30年代的大萧条使高等教育中的这场辩论无声无息。随着企业,特别是华尔街被广泛认为是全球经济崩溃的始作俑者,一些商学院领导人看到了一个教育时机:成熟的自我批评和改进。本着这种精神,他们公开地想知道他们是否做得足以为商科人员提供超过狭隘、自私的技能和目标(库拉纳,2007)。

不幸的是,这种反思是短暂的,因为美国在第二次世界大战中的胜利改变了这一主题,并开启了该国历史上最繁荣的时期——近三十年间,每小时的生产力上升的速度比以往任何时候都快。维持这一显著增长的新安排集中在扩大的国家政府与企业之间的松散伙伴关系,这种伙伴关系作为国家繁荣的支持者,发挥了新的、更积极的作用。

新秩序的核心是专家管理的理念。第二次世界大战期间,一系列新的科学方法被开发了出来,比以往任何时候都更有效地控制大规模进程。这些新的高等数学学科被统称为运筹学。它被证明在提高工业和军事技术活动效率方面是有效的。新思路的重点是流程的定量分析以及生产、分配、会计和整体运营系统的设计和控制。在20世纪60年代,罗伯特·麦克纳马拉将这些新的管理方法从福特汽车公司带到美国国防部。在商科领域,这些专家管理系统的目的是通过减少妨碍有效规划和控制企业活动的不确定性来提高效率。这一新的管理方法的目的是尽可能地用正式的、量化的信息处理方式和决策方式来替代之前的质化的判断方式。

在这个令人兴奋的增长和繁荣氛围中,大学也经历了迅速和广泛的扩张。20世纪40年代,在精英机构中年轻人的比例不足15%;到20世纪70年代,高等教育已经普及,覆盖了青年年龄段的一半。然而,在这个过程中,它突出的教育价值观也发生了变化。精英教育的目的是培养在社会中担任领导角色的人才或特别有才华的白人新教青年。在第二次世界大战之后,旧的博雅教育模式仍在继续,但它仍然与学院早期的精英目标和使命一致。相比之下,高等教育作为一个整体在战后几十年开始转向更专业化的技术职业,在主要增长领域中有更多的业务(凯特,1975;特洛,1973)。

在这些年里,高等教育也在寻求升级自身,重新调整其优先事项,以支持吸引联邦各类研究的资金。在20世纪50年代末和60年代初期,著名的国家基金会,尤其是福特基金会,将注意力转向改善教学,尤其是商科的研究。为了达到更科学的学术标准,鼓励商科学校重新组织四个特定领域:经济学和金融、会计学、市场营销和管理学。

在此过程中,这些领域的新部门建立了起来,以培养能够达到社会科学设定的科学研究标准的博士。人们普遍认为,这种研究必须将注意力转向背景和历史,这些背景和历史来源于大部分关于商科的旧文章,以便产生数量可观的科学知识。研究也指出应该更加重视毕业生而不是本科商科教育。因此,在公众和学术思想中,工商管理硕士实际上定义了该领域(库拉纳,2007),因为它在大多数情况下仍在继续。这些发展的一个意想不到的后果,也是本书集中关注的,是商科与人文科学和定性社会科学以及传统的本科博雅教育有一定差距。

改革的声音

随着时间的推移,这些趋势引发了激烈的批判。推动变革的主要工具是1959年发布的两份报告,这两份报告对当时的商科计划持强烈批评态度。纽约卡内基公司发布了由弗兰克·库克·皮尔逊撰写的《美国商人教育:工商管理大学-学院课程研究》的同时,福特基金会发布了罗伯特·亚伦·戈登和詹姆斯·埃德温·豪厄尔所著的《高等商科教育研究》。两份报告都强调了商科本科生人数的增加,人口的多样性,以及与人文社会科学专业相比,他们家庭较低的教育和经济成就。报告还强调了商科学生通常的边际学术成就。类似的比较表明,商科专业教师在学术上不如人文社会科学同行,而商科专业的教师在学术严谨性方面也参差不齐。所有这些都加起来就是对本科商学院和课程的学术质量的严重控诉。

毋庸置疑,这些报道引发了大量评论、批评和争辩。事实上,有人可能会说,那是1959年,而不是1930年,是亚伯拉罕·弗莱克斯纳对商科教育的批评取得成果的一年。最后,就连美国大学商学院协会(后来被称为美国管理商学院联合会)也接受了这些批评,并赞同这些报告的改革建议。这些都集中在提升教师培训和证书上,从而实现了福特基金会为四个商科学科制定严格的学术标准的承诺。

报告还坚持要求商科学生花更多时间学习文科和理科。其目的不同于提高新业务规则的严谨性。相反,文科被视为提高学生分析思维、解决问题和判断能力的一种方式,同时也发展了他们共同合作和领导的能力。其目的不是将业务与更广泛的思维分开,而是将阿尔弗雷德·诺思·怀特海的商科教育愿景创造性地注入想象力和理性论证,以学习管理企业的实际事务。然而,在实践中,包含更多文科的建议意味着学术课程与第一章中描述的杠铃形状——一方面是商科学科和培训,另一方面是博雅教育领域。实现这些愿望所需的文科思维和商科实践的交织在当时不够发达,无法实现真正的整合。

五十年后,在商科教育发展的关键拐点,这一缺陷必定被视为教育思想的严重失败。尽管1959年有着良好的意图,但它意想不到的后果是今天许多本科商科学生忍受着博雅教育的概念的脱节经验。

当市场成为思维模式

如果战后几十年将管理作为指导商业和国家发展的科学体系的典范,那么自20世纪70年代以来的时期标志着19世纪的自由放任和自我纠正市场的信念的再次到来。20世纪70年代的经济冲击永久地破坏了美国的增长公式和它所监管的世界经济秩序。尽管科学管理可以与公司忠诚和商业政治风格的默契道德秩序共存(甚至得到支持),但从20世纪80年代开始,市场思维的复兴给社会受托人的商科专业化模式带来了压力。1980年以后，支撑冷战的胜利叙事增添了新的主题。运动倡导的不再是企业与政府之间的合作，而是有效市场的运行。为此，对商业和金融的广泛放松管制成为国家政策，首先在美国施行，然后逐步在全世界范围内推行。随着交通、通信和控制等新技术的迅速普及，劳动力也不得不自生自灭。

这些新的技术发展以及商业机构的变化引发了业务组织方式的另一次划时代的转变。对放松管制的市场和英勇的自力更生的信心再度上升，吸引了许多在新环境中突然陷入困境的商界人士。美国战后那些在长期繁荣中，致力于平衡产业和经济与政府和劳动的企业精英似乎不再代表未来。公司的主导形式，以及商业人员的工作条件，经历了戏剧性的再造。例如，外包——与外部公司签订合同，生产由大型综合公司精心策划的制造过程中的元件部分——长期以来一直是工业经济的主要部分。新的电子通信和更高效的运输使得全球外包的指数化程度更大、更复杂。

如今，竞争优势已转向能够以最具成本效益的方式管理其供应链的公司，这些供应链现在通常是全球性的。较新的制造商，如戴尔计算机公司，在内部不做任何事情。相反，他们开发和营销基于复杂和快速创新的供应链的产品线，这些供应链几乎遍布全球。这之所以成为可能，是因为现在可以通过信息技术系统管理迅速发展的产品线的生产、财务和销售等复杂任务。反过来，这种灵活的新生产方式需要放松管制的新思维方式，国际市场导致公司将曾经垂直整合的管理层排在一边，往往将其核心业务缩减为一个小型的、具有战略意义的中央办公室管理层。

在放松管制的市场中，经济效率可以在没有社会约束的情况下运作生产。生产在逻辑上遵循劳动力成本的斜率,越来越多地转向像中国这样的劳动成本较低的国家。结果是投资于这些创新供应链公司的资本回报率大幅上升,消费价格也下降了。在这种情况下,公司必须努力争取投资基金,而这要归功于金融放松管制,现在可以立即转向有希望获得更高回报的任何地方。因此,银行业、保险业和金融业普遍增长,变得更加集中,现在占据当代商业世界的主导地位并非巧合。各地的需求是增加短期投资回报,考虑的长期利益很少。

由这种全球金融活动主导的商业环境对当代经济思想的主导形式所产生的世界图景具有天然的亲和力,新古典主义、高度数学化的经济学已经形成了强大的有限模型,可以解释并在某种程度上预测在严格规定的约束条件下的行为。其核心前提是自利行为者理性能力的概念。这意味着假定个人的行为方式可以促进他们的利益或"效用",并且在获得事实知识的情况下,个人将选择最有可能、最有效的促进其利益的行动方案。因此,如果观察者能够准确地指定某人的利益,就可以预测个人的行为。在这个理论中,市场成为理性人类互动和决策的首选矩阵。给出通过价格机制传递的相对效用的准确信息,假设是在一个理想的市场中,所有人都可以获得可靠的利益,也就是说,没有自私自利的干扰,个人可以获得最合理的有关投资时间、劳动力和金钱的策略。

遵循新古典经济学的逻辑,商业公司本身并不是一个由社会关系网络联系在一起的社会组织,而是作为自私市场参与者的一组临时合同,他们聚集在一起寻求个人利益。这标志着一个重要的转变。曾经被视为组织问题的东西,往往带有道德潜台词,现在通常只用经济战略来描述。工作的回报被认为是外在的,或个人的效用。企业只是一群自利的参与者,从投资者到管理者再到工人,受到一系列合同的约束。

这些雇佣合同是商定的,因为它们被认为定义了当前市场条件允许的雇主和雇员之间最具互利性的交易。因为所有这些参与者都被认为是自利的,他们被认为试图获得尽可能多的效用和尽可能最低的价格。在这种观点中,道德没有被考虑在内。相反,每个行为者都面临着保护由其他的生产力——诸如工资或利润——他或她因资源的投入而获得的——构成的财产的问题。

关键问题是确保员工不做经济理论所说的不可避免的事情:利用他们的合同和公司为自己牟利。公司和员工之间的传统的互惠忠诚模式在这里不适用。取而代之的是,市场模型要求投资者必须贿赂或威胁高层管理人员,以确保投资者的利益得到满足,而不是管理者的利益。反过来,这些经理必须对他们的下属做同样的事情,以防止他们的员工对他们做同样的事情,等等。对于公司的当代经济愿景是冷冰冰的。而且,由于它不仅被视为一种分析手段,而且也被视为现实,这种自利竞争的图景成为一种自我实现的预言。一旦人们认为其他人在自身利益的基础上具有竞争力,他们就会经常判断自己是脆弱的,除非他们采取相同的策略。因此,所有的业务,如果不是全部的生活,都成为经济学家所谓的代理问题:如何最有效地确保每个行为者在构成公司的一系列交易中投资的财产获得公平回报,主要重点放在关于股东的财产,而不是公司中其他参与者的可能财产,例如工人。

正如管理理论家约翰·亨德里所指出的那样,市场对于那些现在想要它们的人来说,短期分配商品和服务是最有效的。随着时间的推移协调活动,维护稳定,并建立满足未来需求的组织,这些可以给非即时性以重视并建立互信文化以达到共同目标(亨德里,2004)。很难想象全球企业在没有注意维持稳定和建设未来的情况下长期运作。从这个意义上说,正如批评者指责的那样,当前世界经济的麻烦可能源于盲目信任一种关于商业和世纪的经济观。

商科的现在和未来

有一点很清楚:在新的架构中,目前的状况以一种新的格局,使尚未解决的有关管理性质的问题涌现出来。他们还重新提起了我们长期争论的话题,即如何帮助学生更好地在这样的环境中高效率且负责地进行工作。面对全球日益激烈竞争的商业环境,虽然20世纪的多部门的、等级森严的大型企业经营形式发生了重大变化,但重要的是企业仍然在井然有序地运转,不仅仅做一个市场中的个体交易者。成功取决于经营策略的能力,即便人与人在组织内部与外部进行交锋时,许多决策被各种算法公式证明是错误的。

在企业内部,主要的组织创新是简化部门结构,为形式主义的规则松绑,同时将决策权和主动权交到工作组手中。这些团体或团队的作用类似社交网络,将各种具有不同能力的人临时地聚集在一起以完成特定的项目。与通过规则手册确定的公式或执行程序而确定的财务决策不同,大部分团队活动需要灵活性和责任分担,因此建立和维持相互信任有决定性的作用。团队必须有效且快速地组织和协调,所有这一切都取决于团队领导者是否有能力保持团队的信心和合作,以便集中精力实现共同目标。

当今和未来的商业组织,可能比原来的公司结构更加多样化。它可能包括旧有的架构,现在由于金融重要性的提升和市场所需的战略敏锐度而变得更加灵活。但是决定性因素仍是管理层培养有效团队和专业知识网络的能力,其成员拥有共同的奋斗目标,并可以从他们的经验中相互学习。培养知识和技能这种领导力需要模仿我们早期的努力,以发展适合商科专业规范的实践知识。今天的商业环境非常重视领导者,他们需要知道如何融合技术能力、概念能力以及处理人际关系,甚至对道德和秉性也有要求(亨德里,2006)。

多伦多大学罗特曼管理学院院长罗杰·马丁将这种复杂任务中最有效的思想和倾向描述为综合性思维。通过对极为成功的商业领袖的研究,马丁已经提炼出这些领导者所运用的思维方式,这些品质使他们在众多行业竞争对手中脱颖而出。更多以日常管理为重点的经理人倾向于避开混乱的情况,寻求用一种单轨的方式来解决问题,这往往将他们禁锢在低效的竞争策略中。相比之下,运用马丁综合性思维的人能在探究问题的不同方面时铭记这是一个大而复杂的问题。这是因为这些领导者可以看到他们公司面临的问题的不同方面之间的模式、联系和关系。与仅能看到单向因果关系的纯线性思考者不同,综合性思考者有同时将冲突策略和指令结合在一起的能力。这种能够找到综合解决方案来解决由冲突对立的混乱所造成的问题的能力是高质量博雅教育的一个重要特征。马丁发现这正是识别最具创新性和成功的商科专业人士的能力(马丁,2007)。

☆

　　改革从来都不是容易的事,但商科教育有悠久的历史、前人的经验和领导力以供参考。我们在本书中所采用的方法是把20世纪以来对该领域发展的反思与对当代商业研究的见解结合起来,例如马丁对综合性思维的重要性的认识,以从当前对学习和智力发展的最佳理解中汲取经验,同时通过各种商业课程来记录和探索我们自己第一手的经验。在接下来的章节中,我们将注意力转移到当前"脚踏实地"的实践中,使用我们在实地考察中学到的内容,提出今天本科商科学生的学习经历中什么是有效的,哪里有不足,哪里有缺失的问题。

三、付诸实践：本科商科教育面临的挑战

上大学会改变一个人。不论在什么年龄或哪个生活阶段，人们对世界、对自己、对什么是可能的理解都会受到高等教育的影响（帕斯卡雷拉、特伦齐尼，2005）。在这些方面，对所有经历过高等教育的人来说，这都是一种深刻的形成经验。在我们参与全国各地的本科生商科课程时，我们从商学院教授和文理科教员那里听说，主修商科的学生非常优秀。他们突出的品质包括良好的团队合作能力、对竞争的热情，以及在公开演讲中的准备充分、沉着冷静。许多教师认为，与大多数本科生相比，商科学生目标明确，具体表现在他们有能力充分有效地利用时间。

这些品质是一种思维习惯，也是性格使然。具有这些能力的学生似乎倾向于选择商科作为学习领域。然而，今天的许多商科课程强调通过想象参与商业环境、模拟商业经验和发展实际商业来学习。这表明很多商学院正寻求通过大量的培训和强化课程来增强学生的潜力。

在我们的校园访问中，我们了解了许多通过经验学习的方式，这些方式已经向商科教育的中心转移。现在许多课程都试图向学生们生动地介绍他们未来的学习和职业生涯，这远远超出了

三、付诸实践：本科商科教育面临的挑战

典型开始的领域。这些课程不是简单地学习现代商业的各个方面，而是给学生提供与实际商业思维和实践近似的强有力的经验；它们的教学方法分享了长期以来对于专业准备的基本要素，特别是监督学徒制。同时，这些课程强调在会计、金融、市场营销和管理这四门基本商业学科的介绍中教授的分析方法。

从这个意义上讲，这些入门课程是混合课程，其中核心业务科目的正式分析内容是在实际或模拟的经营环境中呈现的，有时甚至是在创业的环境中呈现的。在尝试这样做的过程中，商业课程体现了一个重要的、一致的学习研究结果：当概念和技术不是抽象概念，而是在实际案例中体现时，这种学习才是最有效的。这样，学习者就可以通过将其应用于现实情况，立即掌握关键思想或重要技能（库，2008）。毫不惊讶，在我们观察到的这类课程中，学生们高度投入。也许是因为他们发现这些课程学到的概念可以帮助他们学习在业务环境中如何工作，所以他们表现出了掌握这些学科的强烈动机。

在本章中，我们首先实地考察了本科商科教育的特点和学生学习质量。我们研究的问题与学生的经验相关，这个学科领域为实践型学习，所以这种经验的独特之处也更为重要。显然，我们观察到的课程和方法为商科课程和博雅教育提供了重要的经验，这些课程和方法可以通过更多应用和实践经验来加强。但我们也将探讨这些方法没有实现什么。和许多其他领域一样，考虑到法律上的案例方法、工程设计经验以及各种人文领域的研讨会，商业界已经开发出了明显吸引人的课堂教学方法（具有讽刺意味的是，这些方法有时太好用了），但其过于狭隘，无法培养当今和未来商科专业人士所需的全部成果（舒尔曼，2005）。因此，从优势和局限性两方面来看,我们的目标是发展一体化教育,将商科和博雅教育结合起来。

在浅水池里深潜

举个例子,当代美国商业这门课,是所有进入圣塔克拉拉大学利维商学院商科专业学生都需要上的课程。圣塔克拉拉大学是一所综合性大学,在耶稣会传统中也坚定传播博雅教育。学生们也会对具体的商业学科进行学习,但当代美国商业这门课设立的目的是提供一种对整个商业领域的理解。正如一位老师告诉我们的"这是一个学生商业生涯的开始"。本课程的许多部分由具有商业经验的兼职教师授课,并由一名全职教授领导,该教授在其信息技术行业的高级职业生涯结束后进入到学术界。

尽管该课程包括标准的课堂演示和以课程内容为重点的多项选择题考试,但在为期一学期的模拟中的表现占最终成绩的三分之一。该模拟被称为"迈克的自行车",它让学生参与一个复杂的、交互式的、基于网络的游戏,类似于经营自行车销售和维修连锁店的经历。上半年,学生们通过个人的工作来熟悉模拟及其基本概念。下半年,他们被分为五人小组。老师强调,模拟非常现实,因为每个团队在给定的一轮比赛中决定做什么,会改变所有其他团队在随后几轮比赛中的竞争环境。因此,情况变得越来越复杂且充满竞争压力。

"迈克的自行车"的重点是在竞争激烈的环境中为特定企业制定一个整体战略。这就需要每个企业的营销、生产、财务和会计职能之间进行密集的互动,这些职能通常由不同的团队成员负责。大家还需要掌握不断变化的局势并有做出复杂战略决策的能力。例如,虽然利润的增加需要扩大生产,但这反过来又需要融资,这是因为需要增加销售,并在可能的情况下提高这些销售的利润率。但实际收入也将受到竞争对手战略的影响,这些战略可能会截停成熟的计划,导致不可预见的成交量下降或经营亏损,因此需要重新思考部署整个战略,甚至可能迅速改变方向。随着时间的推移,随着企业盈利能力的上升和下降,团队的胜负也会持续几轮。学期结束时,团队的成绩取决于其在比赛结束时的排名。

模拟训练使基本的商业概念在学生们的大脑中变得鲜活,与我们交谈过的讲师显然对这种方式感到满意。他们认为,模拟训练提供了一种"博雅教育"的体验,因为这种课程的目的就是"广泛曝光"。当然,我们对学生的参与程度、智力和认真程度印象深刻,这些品质也是大家希望在大学教育各个方面中可以看到的。

此外,该课程还让学生想象自己真正融入商业环境,并教会他们如何在正在进行的事业中扮演现实的角色。学生们学习如何借鉴根植于商科学科的一套复杂的概念和观点,以协调管理策略。他们能感受到这类事业中的挑战和风险,也因此感到兴奋。在团队中,他们开始体验和了解道德诚信对实际企业运作的重要性。

不太清楚的是,这门课程,特别是其最生动的组成部分"迈克的自行车",是如何向学生展示职业和商业世界的。从这个角度来看,世界是怎样的?什么是有价值的?模拟中典型的获胜者有怎样的性格特征?这是实际商业生活的真实体现吗?最后,自行车行业的成功,或者促使自行车行业成功的因素,与更广阔的社会有什么关系？这些问题在我们观察到的讨论中没有得到解答。模拟训练教育学生将概念与经验联系起来，并激励他们走向未来的商业学习，在这方面它做得十分出色，但是它并没有激发学生对预期专业的批判性思考。它仅提供了一些概念工具，可以帮助学生思考这个企业及其对自己、对社会或对世界的影响。它没有提供一个更大的道德或社会框架，使学生能够在这个框架内探讨他们正在经历的事情对自己和世界的意义。从这个角度上说，这门课程的主要优点也是其最大的局限性：它很深刻，但也狭隘。

当然，没有一个课程能涵盖所有，但看到当代美国商业这门课对学生的吸引，我们发现自己想要的更多，并想知道怎样才能优化这门具有独特优势的课程，以及其经验学习的方式是怎样为机构企业和它的重要背景与贡献提供思考空间的。

不同的背景，相似的故事

另一个例子是一门大一学年修的综合课程，这个课程旨在向学生介绍商业世界。百森商学院所有的学生都是商科专业的，一年级学生需要花两个学期的时间参加一个要求严格、涉及面极广的课程——管理和创业基础（FME）。百森商学院的学生学习能力很强，并且看起来很自信和外向，但FME的强度和全面性使课程极具挑战性。它不仅要涉及四个基本的商业学科——会计、金融、市场营销和管理，还要教授许多实用的商科技能，如领导能力、口头表达和书面陈述、数据分析、解决问题和团队合作。正如教学大纲所说，作为一个综合性的课程，整个过程的重点还是放在业务学习上。

教师们将课程的第一学期描述为一个新兵训练营，提供包括信息技术在内的针对商科各个方面的课程。学生们也在为他们有望在春季学期组织和运营的实际业务制定商业计划和寻找可能性。由于这门课的强度大,老师和学生们认为上过 FME 才算是体验过百森商学院的学习生活。

第一学期的后半部分涉及一个竞争过程,在这个过程中,有 20 个小组,每个小组由 3 人组成,每个小组都主张不同的商业利益。在连续的竞争回合中,提案逐个被淘汰,将 20 个小组转变为两个大型团队,每个团队有 30 名成员。最终获选提案是由教师根据商业计划、市场调查和重点小组座谈后选择的。学生们通过这些不断积累经验,并从中学习。

在春季学期,这两个团队开始运行他们的业务。他们都利用了基于技术的网络交易,也进行了线下实际的商业活动。学生们被分配到销售、库存控制、财务甚至人际关系部门,人际关系部门职责之一是激励大家努力工作并对全体人员进行评估。学生们每周向团队做报告。他们还必须通过两次笔试,把在各个学科中学到的概念应用到他们所经营的业务中。

FME 的另一个特点是,除了培养学生的商业头脑,它也特意教授学生社会责任。该课程将讲座时间和模拟训练投入到有关道德问题的教学中,在教师给学生陈述的反馈中也突出了道德问题。每个学生整个学期都在为一个非营利组织做志愿者,学院与校外的服务组织就这样建立起了持续的业务关系。在春季学期结束时,每个团队都会将利润捐赠给与之相关的组织,这也使学生们更有动力去争取成功。百森商学院的教师告诉我们,最重要的是,即使学生们正在学习如何从销售产品和服务中获利,他们也要为社会做出贡献。

与圣塔克拉拉的当代美国商业相比,百森商学院的 FME 是一个规模更大的课程,需要学习整整一个学年,涉及实际而非模拟的企业运营经验。FME 还通过让学生构思、研究和创办新企业,为其提供企业经营管理和创业方面的经验。社区志愿服务和社会责任活动也是学生在圣塔克拉拉的课程中体验不到的(不过应该指出的是,尽管在其课程介绍中没有提到,圣塔克拉拉鼓励各种场合的社会服务并提供社会服务机会)。

然而,尽管存在这些差异,但这两个课程的目的和教学方法是相似的。与圣塔克拉拉课程一样,百森商学院的 FME 也教学生以整合各个部分的方式应用他们从商科学到的专业知识。它还强调团队组织,并将团队之间的直接竞争作为激励的来源,同时洞察企业成功所需的背景。而且,尽管社区服务被纳入 FME,但这些活动与企业学习是相互独立的。因此,社会责任在很大程度上指导着企业的外部活动,也是企业后续活动成功的关键。企业行为本身之间的关系,包括它的产品和程序、企业的社会环境和生态环境,这在社会责任的形成中并没有集中体现出来。

为批判性质疑创造空间

FME 教授史蒂夫·戈登强调,学生在课程中学到了很多东西,包括社会责任和道德规范。但是,与圣塔克拉拉的同事一样,他认为鉴于教学大纲已经足够完整,课程的中心目标不应该是把商业作为调查和质疑的对象,因为学生们已经选择了把商业作为一种以后从事的行业来学习。这门课程的首要目的就是为学生们提供使他们能够取得成功的工具。那么,也许商业项目需要提供额外的、相关联的体验,使学生作为一个更大世界的一员,能够直接关注商业或商业生活的目的、关系或责任。

反对的声音自然而然地出现。这种社会和道德反思难道不是文理学院开设的博雅教育课程的一部分吗？难道不是商科课程的一部分吗？我们参观的所有学校都要求他们的商学本科生修大量专业以外的课程。其中一些是全校博雅教育课程，旨在为学生提供知识和技能，使他们能够询问和回答有关该课程的目的和意义。然而，我们将在后面的章节中讨论与此相反的优秀例子。研究发现，像其他专业一样，商学本科生通常需要修两套课程：一套是商科课程；另一套是与人文社会科学相关的课程，按要求比例来修。这两套课程几乎没有相互协调。学生也许会从这些课程中找到相通的地方，但这不是一定的。

还有一个更加严重的问题，我们在与学生交谈时了解到，他们是为了商科课程而来，因此与商业相关的课程他们才认为是重要部分。其他的课程似乎与他们的主要兴趣脱节，所以大家不会优先选择。学生们并没有认识到教育目标的核心是什么。特别是与 FME 或当代美国商业这类能带给大家真实体验的课程相比，博雅教育的科目常常显得毫无吸引力。

拓宽框架：商科与博雅教育

圣塔克拉拉和百森商学院的商学课程的影响力，让学生们对商学课程的安排有了一定的理解，使得其他商学院很难决定商学课程中应该包括和不包括哪些课程。在这些和其他案例中，我们对在整合过程中精心构思和有效执行的努力印象深刻，当然还对体验式方法吸引学生兴趣这点印象深刻。然而，在我们与学校、教师和学生接触之后,我们提出的问题是,这些课程是否为学习商科的学生在大学研究的领域提供了足够广泛的基础。

商业项目中正确推崇的敬业教学使他们的力量来自向学生展示作为商业人士的理想身份的例子,以及实现这些身份所必需的知识和技术工具的能力。虽然这并非不可能(如本书后面的例子所示),但这种教学法很少伴随着对这些身份和工具进行思考的类似经验。更不常见的是包含了一种关键的方法,这种方法可能提供认知距离,学生可以从中探索和质疑商业及其制度的更大意义。我们的观点是,对于许多商科专业的学生来说,无论是在商科课程还是在文科和理科领域,遇到能够让他们获得更宝贵的知识的课程,是他们的幸运。例如,在后一种情况下,入门课程更多的是面向想进入这个领域的人,而不是使学生能够利用这个学科来思考他们在其他学科领域的学习、更大的世界或者毕业后的生活。

这是令人失望的,因为博雅教育长期以来一直关注培养这种反思目标和身份的能力。事实上,这一直是博雅教育存在的主要原因。我们将在第四章中更多地讨论博雅教育的性质,但我们想在此指出,作为一种传统的学习,它寻求为学生提供更多的可能性,以及维持这些能力所需的知识。

为建立联系而设计

那么,想象一下,如果学生要求学习诸如当代美国商业或FME这样的商科课程的同时,参加另一门能提供业务经验的课程,也就是从其他学科角度探讨各种观点对企业有何影响的课程的话,那会有怎样的不同呢?

如果这些额外课程和优秀的商科课程一样有吸引力和高水平，那么学生们实际上会以不同社会环境下不同身份的角度来理解同样的情况。他们会学着用多元化的思维方式思考。以这种方式，通过我们的双螺旋课程模式，将商科课程与文理科课程联系起来，可以为培养大学生从一开始就具备综合的思考能力奠定基础。

但是，为什么商学院学生在这两个领域的学习联系如此之少，提供商科和文理科的整合的努力也如此之少呢？在寻求答案的过程中，我们从与学生和教师的讨论中获得了深刻的见解。我们开始比较商学院与文理院的观点。在这些谈话中，我们反复被告知，商学院的学生比文理学院的学生更注重成功（这并不是说只有商科学生如此，正如与我们交谈者所说，医学预科学生和工程专业学生也有这些特点，各个领域的有些人也如此）。因此，大家对商科学生会有一种刻板印象，商科专业的学生对每门课程都会问道：这将如何帮助我获得我需要的成绩？毕业之后如何使用这些知识技能从事高收入的工作？是否选修一门选修课以及在任何课程或作业上花费多少精力？相对于所需投资的未来补偿率，它的实际现金价值有多少？学生们常常认为这些倾向背后的态度是工具性的。

国家数据与大家对商科学生的这种印象是一致的，因为他们把注意力集中在学习的直接工具价值上。例如，全国学生参与度调查发现，与大多数其他领域的学生相比，商科专业的学生不太可能在课外讨论他们在课上的想法，也不太可能为了个人的乐趣或学术上的丰富而独自阅读书籍，参加文化活动，如逛艺术展览、看戏剧、听音乐或看戏剧表演（全国学生参与度调查，2010）。

工具性和探索性取向

与我们的联系人所称的这种工具导向相反，文理科专业的学生（同样不包括预科、工程师和其他具有竞争力的专业预科学生）被他人和自我定位为是受知识和文化好奇心驱使的。这样的学生通常被描述是把他们的大学经历看作一个探索的机会，自称是探险家。这种探索指的是智力上的追求，而与找到一份好工作、进入医学院等无关，这也被认为是学习的工具性倾向的对立面。

虽然这些陈词滥调有些道理，但在为某一特定职业做准备和为其本身而进行智力探索之间存在着明显的二分法，就像职业学校与文科或理科学院之间的对立，这与我们在这本书中所主张的愿景相反。更重要的是，接受这种二分法使博雅教育夹在对立的、同样狭隘的高等教育观点之间，像家中的继子一样。这些狭隘的教育观念使我们错过了更好的选择——一条能为智力探索和职业参与都开辟学习可能性的道路。

这种工具式与探索性的二分法使得学生或他们的父母很难设想一种在智力上既冒险又严肃的大学教育，塑造一种囊括责任感的世俗努力而又充满好奇和探索的生活。对工具性态度的专注可能会使学生无法体验到自我超越和转变。它抑制了关于如何让职业有价值的思考，也不能激发学生的创造力和想象力。相反，尽管定向探索具有开放性的优点，但有这种倾向的学生在面对大学要取得进步的信息时往往处于守势状态。这种探索性研究对那些智商高、目标是使自己有所成就的人来说没有吸引力。这样他们才能按照自己的方法为世界做出贡献。

有大量的证据表明，我们在走访校园时遇到的情况反映了我们对今天高等教育作为一种工具性投资的普遍态度。一段时间以来,大学学费上涨,推动了这种观念的大众化。事实上,这种趋势在本科生群体中特别普遍,我们认为这是一个警告信号。尽管21世纪的商业和生活条件更加复杂,需要更大的思想灵活性和更广泛的理解,但美国高等教育内部的动力正朝着相反的方向发展却是不可忽视的。其结果是一个严重的国家问题:高等教育能力薄弱,但责任重大。高等教育应该让公民有能力做好准备,既关心自己以外的世界,又有能力为世界做出贡献。

商科学生体验

商科学生对大学的体验,在很大程度上,甚至主要取决于他们对未来职业生涯的规划。他们通常在这方面得到家人、同学以及许多教授的支持。大学在很多方面改变了商科学生,就像它改变了其他专业的学生一样。然而,在大学中商科和工程专业的学生与文科和理科专业或大多数其他专业的学生相比,培养有意义的人生哲学、影响政治结构、增进对其他国家和文化的理解以及一些相关目标的重要性要低得多。商科学生还认为,与其他特别注重商业的目标相比,经济富裕更为重要(高等教育研究所,2009)。我们如何解释这些结果的差异?在某种程度上,商科与文理科的学生在上大学时就已经存在着不同之处,但在大学期间主修商科当然不会抹除这些差异。

商科课程

典型的本科商科课程是围绕四大商业学科的课程设计的:

会计、金融、管理和营销。有些课程提供文学学士学位，另一些则提供理学学士学位。新商科学生或准备学习商科的学生通常会参加商科课程的介绍，该介绍提供了对该领域的概述。在大二和大三的时候，通常要求学生们在每门核心商业学科中选修一两门课程，以及一两门关于经济学、数学和商务交流的课程。在他们的大二和大三年级，学生通常集中学习特定领域的三个或四个更高级的课程。大四年级还经常需要某种形式的巅峰课程体验，通常涉及一个重要的团队项目。通常是关于领导力、创业精神、商业道德、商业法和其他主题的附加课程，但这并不是商科课程的一贯要求。

这门课程的核心是会计、金融、营销和管理四门学科。正如第二章所描述的，这些学科是现代工商管理硕士（MBA）课程的一部分，其重点是科学知识和严谨性。这四门学科的中心是与经济学有联系的金融，在20世纪50年代和60年代，福特基金会的大量投资大力推动了这四门学科的发展，其中一个目标是从反知识分子的指控中拯救本科生的商科课程，无论如何让他们成为新一代的MBA。通常来说，教师们负责所有本科生的和研究生的商科课程。更能说明问题的是，拥有工商管理硕士和工商管理本科课程的院校很少能将本研课程区分开来，只是由一名独立的院长领导（弗吉尼亚大学和纽约大学是例外）。而一些商学院，比如维克森林大学，正朝着另一个方向发展，从独立的本科商学院和研究生商学院到单一的统一商学院。

正如我们在第二章中所建议的那样，当代形式的本科商科课程在很大程度上受纽约卡内基公司和福特基金会1959年发表的关于本科生商科教育的批判性报告（戈登、豪厄尔，1959；皮尔逊，

1959)的影响。报告中建议开展更多的博雅教育,但它们的核心是加强商科课程本身。当时,福特基金会已经通过一项协调一致的战略,大力参与了MBA的重组工作,其中包括资助四个学科和经济学的新博士课程,目的是为商学院教师制定一套与众不同的职业轨迹,使商学院专业化到本科水平。然而,随着时间的推移,MBA和本科课程的相同之处越来越多,大学教育的独特目的被商业领域毕业生更专业的卓越声望(和资金)所掩盖。

现在所有这些都回到根本上。正如我们多次从学生那里听到的那样,商科教育聚集于一个明确的目标:获得在商业中运作所需的知识和技能。成功与否是以学生毕业后第一份工作的地位和报酬来衡量的。(与其他大多数强调机构资源和声誉的教育排名系统不同,《商业周刊》的影响力等级将最后一点强调为衡量商科课程质量的标准。)今天的商科教育在方向上具有高度的认知性和高度的定量性,这表明自20世纪中期的报告制定标准以来,本科商科学术教育已试图变得严肃认真。

在20世纪五六十年代创立的四门商业学科中,金融学通常与经济学并驾齐驱,经济学有时属于人文社科科目,而不在商学院之中。除了利用经济学目前的知识声望之外,金融当然也与处在全球商业扩张的最新阶段的中心的金融分析师和交易员的高薪职业直接相关。其他三个领域,会计、营销和管理,紧随其后。因此,商学院内部的声望等级不仅反映了就业市场,而且反映了福特基金会的计划以及学院对分析的重视。结果之一是,如果地位的标志与理解当代商业生活的复杂性有更好的关系的话,除了经济学之外,社会科学以及人文学科在商学院的课程安排中所起的作用可能更小。

世界市场观

这些学科,包括它们的相对声望,也传达了一种客观的世界观,这对于理解商科学生如何受到教育的影响很重要。现代商科课程将市场作为关键的组织结构,由经济学和金融学对市场进行分析。在这一点上,它们反映了当今商业世界的重要趋势。随着像通用汽车这样的纵向一体化制造公司让位于以沃尔玛和戴尔计算机公司为模式的更受金融驱动的生产系统,市场作为公司内部以及公司之间的协调机制变得越来越重要。这些发展又将理想化的市场确定为阐述企业主要问题和关切的分析框架。

然而,在现实中,现代商业远远超过市场。它主要通过需要其他复杂的社会协调形式的组织运作,从官僚结构到互动网络。此外,所有商业公司,特别是那些参与全球供应网的公司,都与政府、工会、国际协会和不同类型的社区的监管和许可证颁发机构建立了各种各样的关系。然而,在我们的访问中,我们发现很少有对政府或其他严重影响环境和商业行为的非市场社会组织模式的讨论的关注。

当然也有例外。除了一些综合性的巅峰课程,特别是在管理方面,这些被广泛讨论的课程主要在商业法律领域。这些课程往往提供途径,鼓励学生将商业视为影响其他社会部门并受其影响和管理的机构部门。与大多数其他商科课程相比,商业法律课程往往需要更大的阅读量和更多的长期写作经验。从这个意义上讲,它们帮助学生做好准备,以适应现代企业所要求的角色的复杂性。通常情况下,它们的教师来自商科学科之外,通常来自那些具有法律实践或教育背景的人。这也为学生提供了比大多数商科学科课程更广泛的机会。然而总的来说,市场的理想化为处理问题提供了一种视角。

一个理想化的市场概念也是解决商业和社会问题的典范。金融和经济学学科已经建立了一个方法论前提,即市场是理想地自我导向和自我纠正的。与我们交谈的商科学生认为,将市场流程扩展到社会生活的新领域是一种积极的发展,似乎他们认为竞争、利己主义和战略思维是提高效率和整体社会效益的源泉。

在这一框架内,公司内部的管理人员也可以被理解为是为促进自身利益而努力的战略行为者。他们管理的公司主要被认为是最大限度地提高投资者——他们的股东——收益的工具,他们的利益完全被认为是战略性的。商业公司本身的想法通常被分析为各种战略行为者之间的一个协商的、类似市场的交易网络。这种战略管理的代理学说——已经从经济学和金融学的深奥工作扩展到了商学院教学中。它削弱了作为与各利益攸关方有信托关系的职业的旧的管理观点的合法性,使这种观点处于守势。事实上,我们发现,虽然很少有院长或教师赞同这种"股东至上"的观点,但这一观点似乎在课程的关键部分中根深蒂固。

事实上,通过市场竞争实现社会进步的理念在商科课程的构建方式上得到了有力的强化。本科商科教育具有很强的竞争力,评分往往是严格的。我们访问的所有学校都非常重视商科学科的学术成就,并向学生强调学术成就如何反映出商业的情况。学生努力学习科目和技能,这些课程和技能被视作"你需要做的事",并且学术成就应该得到肯定。模拟和经验课程,连同它们的所有优点,都有助于放大和加强这些影响。

这样,组织大多数商科课程的市场视角就会在学生的日常生活中得到体现。在许多其他领域,哀叹教育和社会实践中的隐性课程与正规课程的某些明确教导相矛盾或破坏的方式是很常见的。但我们发现商业程序呈现出一幅截然不同的画面:核心商科课程(尤其是经济学和金融学)对世界的理论观点与鼓励学生接受教育,或者说是未来生活的方式之间有着紧密的一致性。

自大卫·休谟以来的哲学家们一直抨击从对世界运作方式的描述中衍生出规范的行为准则。但是,当经济理论的假设与长期市场竞争的自我调节和社会建设性的概念相结合时,学生们很容易从接受这一理论作为一种智力观点,转移到用它来定义一种完整的世界观,这种世界观既保证了确定性,又保证了仁慈的结果。在这方面,我们访问过的商科教学最显著的特点之一是,它们将市场理论与教学实践联系起来,这些实践强调了作者所描述的许多相同的价值观。在这个意义上,理论与实践是紧密结合的。正如学生们告诉我们的那样,最终他们自然会认为"每件事都是生意",在任何情况下都在考虑最重要的商业特征。

为 21 世纪的商业做好准备

随着企业组织形式的改变,商科教育的效果越来越强调业务范围更窄、更技术性的层面。仍被大众认可的老式公司,是全国性的、垂直整合的组织,在内部按照固定的程序,从设计到生产再到销售产品和服务。而其后继类型遵循一种不同的模式:(1)一个复杂的外包功能网;(2)由一个中央机构组织领导;(3)进入供应链;(4)其复杂的物流由信息技术协调;(5)允许对来自世界各地的市场信号做出快速反应。这种组织日益占据主导地位,与其他力量结合在一起,使商科教育更加专注于定量描述物流和市场协调的过程。这种转移的重点意味着这些可量化的过程捕获了业务中大部分最重要的内容,只是他们没有做到。

这种占主导地位的技术模式将商业生活的体制和社会现实推向了幕后。虽然金融学和经济学的正式模型的目的是使商业运作更易于控制,但商业组织更需要的是市场信号和复杂的信息技术人才。它们还需要合法性和目的性,在股东、公众、员工眼中,这一点非常重要,而这一要求使得企业经营变得更加复杂。对于所有级别的管理者来说,今天的公司是复杂且不确定的场所,道德观念含糊不清,价值观冲突,这种冲突因竞争需要而产生,但同时也促进了组织内的合作。国内外对缺乏反应的商业力量的批评和敌意日益高涨,这加大了领导者的风险。所有这些现实都没有被代理学说充分概念化,更不用说解决了。尤其是在当今以知识为核心资源的先进技术产业中,人才管理已成为一门重要的学科学问。那些能够在产品设计和组织形式上学习经验创新的组织,在很大程度上依赖于它们的劳动力资本。它们成功地释放和利用这种广泛的资本形式,反过来又需要强大的社会资本网络。这意味着这些企业需要对这些相互信任的网络进行微妙的管理。在这种情况下,我们不可能将纯粹的机械技巧与人类,也就是道德的关系分离开来,它们嵌入其中,并依赖于它们的有效性。在这些前沿的知识创造部门中,管理已经成为一种领导形式,甚至超过了技术学科的应用(赫克舍、阿德勒,2006;亨得里,2004,2006)。企业教育要支持创新,就必须培养能做出成熟的实用判断的人,公平地引导知识密集型企业获取社会效益和利润。

成功地管理这类组织需要罗杰·马丁所描述的那种综合性

思维,我们在第二章中提到了他的工作:有能力制定创造性的解决方案,运用看似相互冲突的方法解决那些紧迫的问题。马丁认为,所需要的技能可以被描述为,或者说通常被认为是相互对立的方法的组合。一方面,综合性思维需要面对复杂性,并意识到任何问题都可以从几个不同的角度来处理,就像我们在博雅教育学生中遇到的探索性思维的那种态度。但是,另一方面,有效的商业领导也取决于对商科课程的核心工具的掌握。因此,所需的主要教育经验是能够增强两种思维能力的经验——在不断反馈的指导下,当他们努力解决问题时,运用实践者的学习情境,以增强学习者在严格掌握分析工具和对其他观点的开放之间来回转换的能力(马丁,2007)。

领导阶层所涉及的关键知识学科,比工具技术和逻辑学还要重要。学生为了理解这种新兴的企业形式所需要的基本知识不仅来自金融算法,也来自社会科学和人文学科。主要议题包括商业史、情境下的领导力案例研究,以及组织如何运作与社会如何管理创新与变革的理论之争。学生需要对心理学、社会学、人类学以及历史、政治、文学和伦理学等人文学科领域有深刻见解,以便培养他们作为未来商业人士所需的知识性视角,能够掌握不断变化的规律,并准备对新环境做出快速反应。许多人文社会科学领域的见解必须与现有的商科学科建立富有成效的关系。除非商学院认识到这些见解在帮助管理者应对当今商业挑战的复杂性和模糊性方面的作用,否则这种情况不太可能发生。

对这种复杂性的认识反映在本章前面描述的一些教学实践中。尽管商科教育竞争激烈,但它并不完全关注个人表现。正如企业必须强调合作和忠诚等非市场性美德才能表现良好一样,商科课程也包括通过广泛实施团队项目和其他协作任务来获得团队合作的经验。这种教学的形式使课堂知识和实际的商业活动比大多数本科教育更紧密地结合在一起。

此外,基于团队的教学在一定程度上减轻了对市场行为的苛刻的关注。因为有效的团队需要相互信任、公平和忠诚,所以它们成为道德共同体,即使只是暂时的。可以肯定的是,无论是在课程中还是在公司中,团队是为了追求特定的目标而组建的,而这些目标是由情境的背景和规则决定的。有些团队专注于应用技术来最大化即时利润。在其他情况下,团队项目旨在帮助学生发展自我理解和更强的使命感,以及理解实际管理实践的复杂性和企业对社会其他领域的影响。有了这种更广泛的教育目标框架,基于团队的经验可以帮助改善对业务角色和责任的狭隘的、自我封闭的观点。

总的来说,商科学生和教师都相信积极的创业美德,而这些美德通常被认为是职业主义的组成部分。在这种观点下,一个专业的人,是有准备的、认真的、有战略的,意识到并能够使自己、所在组织或自己的事业在被认为是残酷的竞争环境中处于有利地位。

我们主张对专业人员进行更广泛的定义,我们只在少数的商业项目中发现这一定义,但它在医学和法律等领域处于核心地位。真正的专业人士体现了该领域服务于患者、客户和整个社会的明确目的。在医学和法律领域,这些承诺在专业实践中引起了紧张和冲突。然而,这些紧张和冲突可能是一个教学机会,因为它们为学生打开一扇门,让他们开始思考这一职业所包含的实践和道德复杂性。

相比之下，在商科课程中，对专业的关注很少会导致学生对未来职业的身份的要求进行批判性反思。理想化市场的主导作用，原则上消除了这种商业目的与追求自身利益战略必要性之间的紧张关系。可以肯定的是，很少有教师或学生在被直接询问时，肯定这种纯粹的代理学说，但发现他们往往很难清晰地表达对商业的另一种理解。这表明，本科商科教育在促进学术好奇心或超越专业界限的清晰性方面做得太少，其有效性和成功只存在于该领域相当狭窄的概念中。

为21世纪的生活做准备

总的来说，本科商科教育的结果是造就了这样一批毕业生：他们虽然具有勤奋和认真的美德，但对他们将在更大的社会中发挥的作用却缺乏理解，甚至并不关心。商科专业通常为学生提供的工具或激励很少，不足以培养他们在文科和理科领域的能力，而这些领域对商科专业人士来说肯定会变得越来越重要。

目前主要有两个不足之处。第一个问题涉及毕业生对管理知识和人员（公司的关键内部资源）的复杂性和模糊性的理解和态度。第二是他们应对企业与其他机构部门和社会领域日益相互依赖所带来的挑战的能力。

显然，在本世纪，企业将越来越多地参与到各级政府、媒体、教育和公民社会当中，往往跨越许多不同的国家文化和体制背景。特别是考虑到最近，当前商业模式将继续在由美国金融主导的全球市场中传播的挑战，商业领袖似乎需要更多地理解企业必须在其中运作的更大背景。更有意和更彻底地努力为商科学生

三、付诸实践：本科商科教育面临的挑战

提供在商业和社会其他领域之间转换的经验，这将增进学生对现代生活中多元化的理解。它还可以促进整合思维，这是商业生涯中的关键资源。培养商科专业学生的智力投入与他们的专业培训并不冲突。在今天的条件下，如果他们要有效地从事他们作为商业专业人员的职业，这就更是非常必要了。

☆

我们相信，美国的高等教育具有将职业准备与文理科教育的文化拓展效应相结合的历史承诺，因此，美国高等教育具备培养杰出商业领袖的良好条件。我们对商科教育的实际实践（也就是商科学生的经验）的检验表明，这一理想尚未实现。但我们仍然相信，从更广泛的角度来看，商科课程能够为毕业生提供管理日益复杂的商业生活所需的思路和方向。

在下一章中，我们描述了如何重新构思博雅教育的目标和实践，并在研究生商科课程中给予更大的重视，以便更好地将商科与文理科结合起来，为21世纪的商业和公民做更全面和有效的准备。

四、博雅教育的内涵与相关性

在我们参观商学院的过程中,商科学生对于工具性方法的重视程度让我们感到震惊。为了与这种思维方式保持一致,目前针对每门课程的评价也都以其显而易见的价值来评判。而对于许多商科学生来说,文理科课程不符合这一评判标准。但可以肯定的是,一些商业专业人士认为在大学期间学生处于一个知识探索阶段,更多时候他们认为博雅教育课程主要是为了帮助他们走出困境。

正如我们在第三章中所描述的那样,目前工具性方法被部分地纳入课程以及指导系统。也就是说,在博雅教育与商科之间建立明确联系的课程计划相对较少,针对学生的指导也并没有让学生意识到博雅教育的价值。虽然我们看到一些规划将商科视为应对21世纪特别突出问题(如环境可持续性发展和技术的影响)的出发点,但这些规划显然还没有成为常态。

应该说,很少有商学院的教职员工认为可以将针对大学学习的工具性和探索性方法分离。相反,大多数人都是教育的坚定支持者,希望通过教育让他们的学生能够对世界有一个复杂、多元的理解,并能够领悟商科以外学科的观点。他们想给学生最好的

四、博雅教育的内涵与相关性

教育,而他们相信这样的教育就包括博雅教育。

学术界以外的商业领袖也认可这一观点。许多报告指出,高层管理者都非常认可博雅教育的价值(哈特研究协会,2010)。他们意识到,更广阔的视野是获得商业成功以及更好生活的宝贵资源。但是中层招聘人员往往倾向于选择可以直接对公司业务有所帮助的技能型候选人。这种差异不仅反映了不同层级商业领袖观点的不同,也反映了长期成功所需人才与短期实际所需人才之间的矛盾关系。实际上,这种矛盾关系在美国企业中更普遍。

在高等教育中,大多数教师都认可教育的目的应该是将个人从无反思的从众思想中解放出来,并帮助他们学会独立思考。他们认为,高等教育最重要的是教会学生运用批判性思维(迪安哥罗、赫尔塔多、普莱尔、凯莉、桑托斯和科恩,2009)。但是对于大学应该鼓励学生做什么,教师之间还没有达成共识。从工具性方法的立场来看,就类似于许多公司雇用员工的观点,仅将高等教育视为立足社会的训练。从这个角度来看,高等教育就中止了,或者说应该停止了。这样做是唐突的,因为它会影响学生的价值观。

相比之下,博雅教育的传统观点一般认为自由不是既定的,而是个人必须积极追求的目标。在这种观点下,学生们需要意识到自己在世界上占据着特定的位置,要认同特定的关系和价值观,但要意识到还有其他人需要被理解。从这个角度来看,让学生具有反思性、自我意识是高等教育的一个明确目标。因为自我意识被理解为实现真正自由的必要基础,所以它既有道德层面又有认知层面的意义。

正如我们所说,学习任何课程都可能对学生的自我意识和潜能产生影响。尽管影响是不可避免的,但是教育工作者通常会逃避或推卸教育形成效应的责任。这种情况发生在大学教育中仅有传递信息或者教授工具性知识作用的情况下。但实际上大学教育会塑造学生的观念,最终也塑造了他们对自己是谁的认知,并使他们明白在选择过程中什么最重要。尤其是当商科专业与博雅教育整合时,即使它们没有直接影响学生的性格,也会产生一定的作用。

博雅教育似乎可以缓和或平衡商科学生普遍存在的工具性教育心态,但传统必修课充其量只能提供微弱的纠正。这些必修课不能实现大学教育的使命和目标:汇集智力、文化和道德资源以解决突发问题;使不同领域的知识和经验融会贯通;能够以更复杂的方式来想象这个世界,并在生活中有一席之地。尽管这些目标的制定有时看起来很宏伟,但事实上,这些目标是对学生能在商业环境和21世纪中发挥作用的能力的现实描述。教育问题也就在于目标和成就之间的差距。

在这一章中,我们认为博雅教育的目的是让学生了解世界和他们在世界中的地位,从而让他们做好准备,利用知识和技能参与他们那个时代的生活。为了达到这一目的,博雅教育需要包含学术知识和认知技能,以及将这些知识和技能用于处理现实世界中复杂而模糊问题的能力。在接下来的内容中,我们将首先解释我们如何将这些目标与学生准备在商业等领域工作的需求联系起来。然后,我们将以商科教育与博雅教育相结合的一次教育经历为例,勾勒出这种教育的共同特征。我们的目标是能够描述博雅教育的范畴,把后续章节作为一个框架,从而思

四、博雅教育的内涵与相关性

考如何通过将博雅教育的核心内容融入商科教育中来改进商科教育。

问题：加入博雅教育和职业教育

商科专业与其他专业一样需要利用综合学习方法。医学、法律、工程、护理、教育和其他专业的学生均需要掌握能够加强他们领域学习的知识。但是，这还不够。专业课程还必须确保他们的学生了解如何将这些知识与实践技能结合起来，以实现该领域的明确目标。专业人士需要学习如何利用他们的知识和技能，在特定情况下做出判断；当他们与他人合作来定义和解决问题时，他们必须能够灵活地汇集多元化知识和观点，知道如何以及何时与患者或客户进行沟通，并了解如何在充满挑战的情况下采取行动，从而彰显专业能力和体现诚信。针对学生的专业准备必须提供经验和对这些经验的反思，使学生学会在特定的时间、地点和环境下做出最佳的决定。

专业教育使用各种教学手段来培养学生的这些能力，这些能力包含在实践推理的概念中。正如我们在第三章中所看到的，教学手段范围很广，从案例研究到实践模拟再到实际实践中的指导。通过这些方法，学生面临的挑战是如何灵活、综合地将该专业的知识、技能结合在一起，这也就意味着能够快速掌握客户或患者情况，同时根据该专业独特的知识基础对其进行解释，然后给他们提供最佳方案。这种在特定情况下运用知识的能力，使实践推理成为所有专业培训的核心。

实践推理

与纯粹的技术判断,用明确定义的方法来达到预定的目的有所不同,实践推理涉及将正式知识与专业实践结合起来。那么专业教育的教育方法必然涉及道德层面:它们要教会学生专业的含义,并反映和强化专业的最高实践标准。因此,考虑到公共责任,专业教育是十分重要的。

不管商科是否被认为是真正的"专业",专业教育提供了一个类比,来指明一些教育经历对商科学生学习的意义。像其他本科生一样,商科专业需要学习大量知识,但他们也需要学习如何利用这些知识来判断复杂的情况。他们需要教育经历来激励他们塑造自己的生活,以便能够决定自己未来的职业生涯。这些目标与博雅教育的目标相一致,博雅教育的目标是让学生获得了解世界所需的知识和经验,并有能力根据这些知识为自己负责。为了实现这些目标,博雅教育需要关注培养学生的实践推理能力。

这种一体化的学习方法阐述了一个悖论,这个悖论困扰着今天的许多人和机构。一方面,学术领域的专业化类似于经济增长背后的分工:专注于一个单一的目标,就有可能在实现这一目标方面逐步做得更好。另一方面,在专业实践中,以及在更广泛的生活中,决策往往不能分解为单一目标问题,还需要有连接、整合和适应的能力。

商业如此,当今社会中的其他机构部门也是如此。正如2008年的经济危机让人们意识到,他们最终需要的是能够以多种标准来思考的人,那些认为通过操作从而最大限度地减少对实践推理

（即在复杂和道德模糊的情况下做出专业判断的能力）的需求的组织也认可这一观点。他们必须能够考虑各种利益相关方并与之互动，关心全社会福祉的同时兼顾个人利益。简而言之，商业领域需要善于以一体化、负责任的方式思考的人员。具体来说，那么，这种一体化方法会是什么样子呢？有没有可以借鉴的模型来开发这种方法，并使其适应各种商科课程？答案是肯定的。

一体化行动

在访问的过程中，我们能够观察到一些高校已经采取了一体化方法，在后面的章节中，我们也将介绍一些。在这里，我们将通过讲述纽约大学斯特恩商学院的高级巅峰课程体验来阐明一体化方法的显著特征。这门课程名为"职责和领导力（PRL）"，包含了大多数我们认为对商科学生来说很重要的博雅教育内容，并且真正将博雅教育的观点与商科的观点结合起来。以这门课程为起点，我们将阐明并审视我们的目标，为将商科作为职业生涯的学生创造一个更普遍的博雅教育模式。

斯特恩商学院要求所有学生只有在修完指定的一系列（4门）课程后才能学习"职责和领导力"课程。这一系列课程在斯特恩商学院被称为"社会核心影响力"（Social Impact Core）课程，它以商业如何塑造和影响世界为基础，以确保学生们充分考虑到他们作为商业领袖影响社会的能力（斯特恩商学院，2010）。这一系列课程是斯特恩商学院三系列必修课中的一个，另一个是"人、信息和系统"（People, Information, and Systems），包括对信息系统的研究管理；还有一个是"货币和市场"（Money and

Markets），这一系列课程包括必要的会计、金融和营销课程。因此，当学生学习 PRL 课程时，他们已经学习了四个商科课程、信息技术应用课程、经济学课程以及商科以外的博雅教育课程。此外，在整个课程中，有一个强烈的主题是全球意识和出国留学的价值。因此，PRL 课程是真正的巅峰。它包含了商科学科以及文科和理科领域的内容，同时关注学生作为全球商业专业人士，最终作为商业和社会领袖将面临的问题。

本课程的许多部分遵循一个由一组教师在近十年中开发的通用教学大纲。正如首席讲师布鲁斯·布肯南在我们访问期间向我们解释的那样，该课程围绕着一系列主题展开，涵盖了商界领导们所经历的各种问题，而讲述解决这些问题的基本教学方法采用讨论和写作的方式，这使得这个课程更像是一个博雅教育研讨会，而不是"商科学科"中的典型课程。课堂讨论让学生们活跃地研讨实际案例，然后将商业理论、历史、文学、心理学和伦理学在内的各种领域的阅读材料作为补充学习。

尽管学生们事先准备好背景阅读材料，但他们通常只有在课堂上才会看到案例。布肯南说："这是在模仿职业生活中会出现的意外情况。"对于这些实际案例，我们也试图在课堂上解决好。这些案例被用来模拟实际情况，让高年级学生能够像咨询团队一样，在现场练习分析和讨论问题的能力。我们要求学生运用他们所学的商科专业知识和解决问题的技巧，同时也将案例与博雅教育学科的背景阅读联系起来。这个过程促进了学生们在商科案例所创造的情景下反复交叉引用文学、历史或哲学等方面的内容。学生们也有相当多的写作课程以及相应的反馈。例如，在我们观察的课程中，学生在教师对课程一体化目标的理解指导下写

四、博雅教育的内涵与相关性

日记。布肯南解释道:"我们试图让学生们自己思考。""在写日记时,他们需要说出自己的想法,并开始与自己交谈。""斯特恩商学院的学生常常过于专注,以至于没有时间去思考他们真正想要做什么,这让他们停下来并只以非常稳妥的方式思考。"

对纽约大学商科学生的统计反映出时间和空间的重要性。这些学生在学术上能力很强,尤其是在定量能力方面。他们大多数是国外第一代大学生,也经常面临来自家庭的压力,要求他们在职场上取得成功。很多学生选择在纽约大学学习是因为他们知道"华尔街需要纽约大学的学生"。在这种背景下,"社会核心影响力"课程,特别是 PRL 课程,旨在帮助这些学生发展概念词汇,以成为良好公民为目标来规划他们的职业。写作作业的目的尤其是为学生提供新的资源和概念工具,让他们在广阔的社会商业视野下思考自己的生活和未来的可能性。

PRL 课程用来帮助学生思考他们的目标和方向的一个策略是尽可能多地通过案例分析展示现实商业活动中的复杂性。这些学生要体验各种商业环境,从大型金融机构到小型创业公司,从大公司到咨询公司,其目的是给学生提供在这些环境中工作的情景模拟,从而认识到每种环境的价值,并探索在案例中所代表的环境下如何运用或挑战自己的信念。另一个策略是利用阅读材料(包括小说和其他叙事文学)来培养学生的洞察力,并获得概念资源来应对商业中的道德挑战。教学大纲提供了各种各样的(有时令人惊讶的)观点,学生们可以讨论这些观点,并利用这些观点来理解他们上课时遇到的问题。

例如,给学生提供的一个案例描述的是个人直接的好处与其作为雇员或者公民对责任伦理承诺之间的冲突。补充阅读则是罗马政治家西塞罗为儿子写的哲学著作,题为《论义务》。有趣的是,西塞罗利用他那个时代生活中的案例来引导他的儿子对由于参与商业或政治活动而引发的道德冲突的思考、探索。西塞罗提出的问题是,如何将个人发展的机会与对道德操守、公平和共同利益优先的承诺相协调。事实上,无论以公民的角度还是专业人士的角度,许多PRL课程的学生都会在这个补充材料中发现自己的影子。尽管可能因为补充材料时间有些久远,学生们会质疑补充材料的时效性,但学生们发现他们可以把补充材料作为一种资源,对手头案例中出现的挑战进行思考。

阅读这些经典读物,本课程使学生不仅仅是陈述和争论他们的个人观点。相反,他们都能在历史材料中发现他们自己的问题,而且如果将这些问题放在历史经典中感受,比如西塞罗的《论义务》中的道德哲学,他们会对问题有更好的理解。他们认为,通过阅读过去的资料可以丰富对当前情况的了解。而且,在"社会核心影响力"课程中,过去的资料糅杂了多种文化遗产,逐渐成为一个全球性的历史。

但是,这门课程中使用的人文和社会科学的知识资源并不仅仅是为了让学生们鉴赏,而是希望能让他们在这个环境中更好地学习独立思考,这是课程的一个重要目标。总之,这门课程试图让学生变得更加智慧。通过案例和补充阅读材料、讨论和写日记等方式让学生有能力面对和平衡他们作为商业专业人士在谈判中所面对的问题。

事实上,专业可以说是这门课的关键词。虽然技术人员可能会将他们的职能解释为让事情变得更有效率,改进手段而不在乎目的,但是PRL课程强调商业是一种职业,而不仅仅是一套技

四、博雅教育的内涵与相关性

术。换句话说,商业被理解为一种潜在的人性化职业,它要求从业者像所有职业者一样,为某些理想价值和社会利益服务。PRL课程基于学生的技术知识以及商业之外的想法,激发学生为诚信而奋斗。它提出了平衡个人机遇与社会福祉、技术创新与生态稳定的方法与挑战。

无论以何种标准来衡量,这门课程都是精心构思的和实施得当的,它突出表现在它使用了商科专业中不常见的教学方法和观点,但这些是博雅教育领域的特色。斯特恩商学院一体化方法的优势在于,博雅教育的观点会直指学生们关注的问题,包括职业问题,也包括他们想成为什么样的人以及他们想如何生活的问题。这就是博雅教育的优势所在。正如另一位教师告诉我们的:除了运用文理科专业中的教学实践和概念之外,斯特恩商学院还增加了实践推理,即必须做出和考虑价值判断和行动决策,以强化博雅教育教学方法。

博雅教育的三种思维方式

如果将实践推理描述成综合能力,即一种整合一系列知识、技能用于决策和行动中的能力,那么博雅教育则可以被视为一种思考世界的方式。当然,多年来,许多倡导者已经定义了这一点。我们对博雅教育概念的定义借鉴了博雅教育的历史和传统(美国大学协会,2005;努斯鲍姆,1997;奥利尔,1997;施奈德和休恩伯格,1998),侧重于三种主要的思维方式和实践推理,其中这三种思维方式我们称之为分析性思维、多重框架思维、反思探索思维。这些思维方式为我们将博雅教育和商科教育一体化整合的愿景提供了框架。为了强调它们的重要性,我们在英文版的书中通篇都将它们的首字母大写。

博雅教育及其核心维度

博雅教育的目的是让学生了解这个世界和他们在其中的位置,让他们做好准备,利用知识和技能参与他们那个时代的生活。

分析性思维

分析性思维是指从特定的经验中进行抽象,以便产生一般性的、独立于任何特定背景的知识。从一组特定的假设或类别开始,通过演绎来发展这些概念的含义。这样的例子存在于数学、逻辑学到各种学科的理论中,比如经济学。

多重框架思维

多重框架是一种对基本不同的,有时是互不相容的分析性观点进行处理的能力。它涉及自觉的意识,即任何特定的分析性思维方案或学科知识框架都以特定方式建构。

反思探索思维

反思探索思维是博雅教育中最具自我反思性的方面。它涉及对意义、价值和承诺的探索。这引发了一些问题,对事物的特定理解或方法对"我是谁""我应该如何参与这个世界"的活动，以及"对我来说哪些想象和希望是合理的"这些问题有什么影响。这是传统博雅教育的核心，是人文主义学习的焦点。

实践推理

实践推理表示利用知识和技能具体参与与世界打交道的能力。实践推理使得个人在特定情况下考虑并决定最佳行动方案。这种思维是专业判断的特征，包括商业领袖的判断，也是公民和政治家的关键能力。

分析性思维

这种思维方式是高等教育最基本和最普遍的特征。它大致符合发展心理学家所说的高阶思维，也符合人们通常理解的概念或抽象思维。几乎在每一门大学课程中都可以找到它，这个思维方式是每个领域的核心，在许多方面有很大的作用：没有它你什么也做不了。这个思维方式包括两个步骤。

第一是将一个具体的事件、事实或现象归类到某个普遍的范畴内，这样特定的事件就被理解为 x 的一个实例或案例。这样，分析性思维将具体的经验转化为抽象的命题。第二是根据一般规则或原则操纵这些分类，就像在代数中应用一般规则来求解变量方程值的过程一样。

针对分析性思维的每一种形式，具体经验首先是根据一般概念来分类的，然后按照正式的转化规则来操作。这通常被描述为逻辑，最好用数学来说明，但它也存在于科学以及概念和论点的口头分析中。这两个步骤的操作在学院看来是分析严谨性的核心。自从 1959 年福特和卡内基公司关于本科商科教育的报告批评商科专业缺乏分析的严谨性以来,这种思维已经成为商科专业的基本目标。

因此,分析通常是一门课程或项目要被视为学术性质所必须满足的关键条件。这就是为什么当实践性的内容被引入校园,需要创造一些概念或理论术语来表达实践理论。因此,分析性思维对应于商业思维的那些本质上是技术掌握的方面(马丁,2007)。

对这种思维的教学提供了对一系列想法或现象进行分类并将其纳入操作规则的实践(平面几何长期以来被认为是这种思想的一种入门)。虽然这种学习方式可以加强学生对重要推理技能的掌握,但过度关注也有其内在的局限性。这种教学不会促进学生质疑假设;相反,它通过假设或定义,然后发展出一种单一的观点和思维方式,其目的是运用这些概念,而不是引导学生质疑或思考它们。虽然这对于熟练使用解决问题的工具来说可能是必要的,但是在这种氛围中,概念的批判性理解被忽略了。所以,对于沉浸在分析模式中的学生来说,无论是在商科、工程还是科学领域,涉及经验意义解释的概念,如在历史、哲学、文学和艺术等学科中,都不太可能被认为是严谨的或者学术的。

因为学习商科课程核心的技术内容需要反复练习来缩小概念与具体事例、思维方式与个人经历的差距,所以很容易忽视这种教育的深刻影响。然而,正如我们所看到的,任何需要高度集中注意力的重复活动,如商科技术领域所要求的,都会影响个人态度和倾向性的形成。必要时,学生们在构成特定学习领域的智力活动类型上高度投入,是个人在态度和性情上对自我需求的投资。这里与工程等技术领域的学生教育有相似之处(参见加里·唐尼的《沙利文、罗森的工程课程研究》,2008,第47—56页)。换句话说,典型商科课程在强化这样一种观念,即真正的知识是通过分析性思维获得的,这些知识的获得不需要个人解释。

这些态度的根源很可能在学生进入商科专业之前就根植于他们的思维中,反映在学生之间兴趣的差异中,一类更倾向于让事情实现,一类更善于想象也更注重个人身份和社交互动。实际上这些差异已经被记录了几十年,许多人也都很熟悉,心理学家利亚姆·哈德森(1966)将这两类人分别描述为趋同性思想者与发散性思想者。前者的典型代表是商科(和工科)学生,他们容易找到尽可能接近固定结果的答案。相比之下,发散性思想者倾向于需要通过想象来回答开放式问题。这与我们与商科、文科和理科学生交谈的关于工具主义者态度和探索者态度相呼应。

完全依靠分析性思维所带来的危险是,它可能会阻碍人们继续探索、理解那些与现代社会中相关的重要观点。事实上,商科专业的教育挑战是激励趋同性思想者培养对分析以外的概念的兴趣。正如我们在前几章中所讨论的那样,这很重要,因为为了理解世界的复杂性,学生们还必须学会与他人讨论对立、不相容的观点,意识到特定观点的偶然性,并培养应对这种认识的认知技能。简而言之,他们必须学会在博雅教育中使用的第二种思维方式——多重框架思维。

多重框架思维

博雅教育的第二个特征维度是多重框架思维,这是一种使人能够感知和处理不一致和矛盾事物的思维方式。当一个人需要面对、处理复杂或模糊的问题,且缺乏对问题清晰、严谨的分析时,对这种思维模式的需求是显而易见的。在这种情况下,分析性思维是不够的,这不仅是因为一个人的分析能力往往不足以应对问题的复杂性,也是因为问题和疑问本身固有的某种模糊性或从属性。

对于某些类型的问题,有几个框架可以让人们理解这些问题,而每个框架都有对问题不同的初始假设,因此在思考过程中应考虑不同的因素。这意味着,即使是内部连贯较强且有分析价值的模型或系统,考虑到它们的初始假设,也可能不是解决问题的唯一或最佳方式。同时,分析性思维本身也不能解决不同模型或理论观点之间的基本差异。因此,教授多重框架思维方式,包括帮助学生了解任何特定方式的问题框架,在某种意义上来说是偶然的,他们应该认识到这种偶然的性质——与历史、文化、意识形态等相关。

我们在前面的章节中提到的研究表明,杰出的商业领袖善于通过思考几个观点,甚至是相互冲突的观点,来获得对问题新的、综合的理解。因为这些领袖意识到,解决问题的特定方法正是这样的,即从单一的角度来看是特别的和有组织的。他们知道,任何针对问题的框架都不一定是这样做的唯一或最佳方式。他们认为针对问题的框架和定义是由人创造的,而不是现实中给出的(马丁,2007)。针对问题的一系列解决方案需要商业专业人士思考得出。多重框架思维就是让他们这样去思考。当学生学习多重框架思维时,他们会逐渐认识到,不同的方法以及它们的特定类别和假设,可以验证其他方法没有发现的问题;他们了解到,为了解决复杂的问题,要从多个角度看待问题,而不是用一样的观点。

例如,斯特恩商学院学习"职责和领导力"课程的学生开始发现,对一个问题的纯财务方法可能会忽略组织行为观点所揭示的事情,而这两种方法反过来也可能会让人忽视从社区角度呈现的伦理问题。这种利用不同框架的能力给学生提供了更广泛的概念工具,他们可以应用到一个情境中,而不会被冲突的商业决策假设所产生的明显混乱所淹没。多重框架思维对于这些学生在商业实际运作的多元社会环境中谈判的能力至关重要。

在博雅教育中,多重框架思维也被称为辩证思维。例如,在修辞和写作课程中常见的推理模式:比较和对比,就采用了多重框架思维或辩证思维。实际上这种做法对商业专业人士来说是有价值的训练,因为它强调了观点的重要性,从而认识到任何分析方法都只是众多方法中的一种。随着学生们逐渐意识到他们总是从自己的角度出发,意识到他们通过一个观点来体验现实,他们也发觉他们的观点只是众多可能观点中的一个。因此,认识到一个人有一个观点是理解争论本质的一个入口:比较、对比和判断相互竞争的观点。这是多重框架思维的关键点和关键方法。

此外,多重框架思维改变了学生对分析性思维重要性的看法。分析性思维本身已不再是目的,它是学生参与讨论的工具或手段,是推进和权衡对世界特定理解主张的一种方式。显然,学生需要这两种思维方式。

反思探索思维

反思探索思维方式也是被需要的。当单独或者同时运用分析性思维和多重框架思维时往往会有局限性,这就要求这两种思维不能是本科教学的唯一焦点。前者重在解决趋同问题的分析能力,这种能力也是一种限制,正如过于狭隘地关注市场思维会限制商业领袖的判断一样。多重框架思维方式的问题在于它容易使人怀疑甚至产生犬儒主义。对每一个问题双方观点的争论都会导致学生认为"这都是相对的",因此所有的观点都有同等的价值。对一些学生来说,这似乎可以证明将自我利益作为主要决策标准是合理的。在这些限制的背景下,我们的第三种思维方式,反思探索思维,提供了一种对比,明确地回答了方向和目的的问题,并为选择、方向和承诺提供了坚实的基础。

反思探索思维是学习过程中最具有反思意义的一种思维方式。分析性思维需要证据和严谨性,而多重框架思维关心的是调查方法和参考框架的优势与局限性。第三种思维模式追求一个更深层、更具有自我反思意义的问题,即一种理解或方法对"我是谁?""我该如何参与这个世界?""对我来说哪些想象和希望是合理的?"这些问题有什么影响?因此,这一思维方式有助于学习者在相互冲突的理解中面对不确定性,以达成对反思意识所认可的目的的承诺。因此,反思探索思维对今天的商科学生,甚至对所有大学生都至关重要。

特别是,反思探索思维是一种关注意义、价值和承诺问题的思维模式,是博雅教育中解读(interpretation)的核心。尽管解读在不同的语境中采取不同的形式,但是解读反映的某些特征在许多学科和环境中是共同的,也体现出反思探索思维的四个特点。

叙事。这些特征中的第一个是叙事,即"通过故事思考"。这种思维方式将读者置于行动中,激发其想象力,并诱导其根据其他人或者特定语境采取一种或多种立场。这种叙事特征是每个人都熟悉的,叙事的过程需要想象正在亲身体验所描述的经历。站在他人的立场进行想象,会激发新的见解,同时也提高了对自己立场的认识。在商科课程中,使用案例和所谓商业实践故事的吸引力反映了反思探索思维第一个特征的教学力量。

质疑。第二个特点是在阅读或讨论故事时提出质疑。例如,这个角色是谁?她对另一个角色或事件有什么感觉?这个角色希望、害怕、试图做什么?什么价值观决定了这个角色对世界和他人的立场?这些问题往往是商业案例的实质,也是文学和历史学分析的教学方法。他们要求读者从叙事中抽象出某些特征,将它们视为更一般类别的实例,以便对人物、动作或情境的各个方面有一个清晰的了解——这一过程将分析性思维引入叙事。这种问题教学法也使得各种其他认知活动成为可能,包括使用多重框架思维、通过观点之间的比较来获得洞察力。

展示。在课堂上,教师或教师对学生的提问往往会打断学生讨论的过程,学生通常会被要求口头或书面模仿这些过程。这是反思探索思维的第三个特征:通过在公众面前分析文本的意义来解读文本。在专业教育中,文本阅读和解读的这一特征在案例呈现中有着直接的相似性,并揭示了解读本质上的交互性或修辞性。在教学中,这一系列活动在以越来越复杂的形式重复进行:叙事、质疑和批判性分析叙述,以及对叙述意义的解释。这样学生对批判性阅读课文方法就变得足够熟悉,也成为学生有意练习的方法。反馈也是这一过程的一个重要方面,采取的形式是由同辈或教师(双方均在会更好)当场或再以书面形式进行反馈。

应用。最后，反思探索思维需要一个应用的过程。这里的关键问题是这个角色、情况或叙事对我意味着什么？它如何影响我对事物的感觉，对我是谁的感觉？它对我提出了什么要求，我应该如何回应？这一过程自然会导致实践推理，正如本章前面所述——考虑到当前特殊情况的同时，根据一个人的目标以某种方式采取行动的反思性决定。在被规划好的教学法中，学生在处理需要实践推理的问题和状况时，可以利用博雅教育的三种思维方式。

我们回到对斯特恩商学院的"职责和领导力"课程的讨论。我们发现这个课程十分依赖叙事方法：一是促进学生的课堂参与；二是在许多指定的阅读中有所体现，尤其是历史和文学方面的阅读。讨论和完成作业要求学生根据正在讨论的课文中的观点来解释课堂中提出的问题，并鼓励他们运用自己的经验。学生们因此同时使用了分析性思维和多重框架思维。整个课程要求学生分析案例和阅读材料，并利用各种价值维度来筛选和评估问题及其解决方案，这一过程往往通过课堂讨论与展示进行。当他们重复这些解读练习时，学生会与他们的同学和老师就案例的重要性进行对话。正如布肯南在我们访问期间告诉我们的那样，学生们写作的时候会对阅读与理解案例及其行动的影响的相关性进行反思，同时学生们也在进行自我反思，思考他们打算如何成为商科专业人士以及他们希望成为什么样的人。通过必须一起解决每天基于案例的商业问题，学生们可以受到实践推理的反复指导。这个过程举例解释了我们所说的通过实践推理将商科教育与博雅教育内容结合起来。

拓宽反思的空间

尽管我们认为实践推理对博雅教育概念至关重要,但具有讽刺意味的是,博雅教育在实现这一目标方面往往很薄弱。而一些专业领域,诸如法律、医学、建筑和工程等做得更好。这些专业教授学生其专业基础知识、通用概念的同时也超越理论学习,教授学生如何将这些知识与特定客户、患者以及技术或社会问题的需求联系起来。通常,这是通过案例研究、模拟、引导参与和反思实际的专业实践来实现的。这些策略有时(但我们认为不够频繁)被文科和理科专业所采用。在前面以及随后的章节中,我们研究了商科专业的几个例子,以便提出可行的方案。

同样需要强调的是,尽管对特定实践问题的评价必须服务于技术和实用目的,才能算作良好的专业评价,但它并不是完全的。也就是说,专业评价不仅必须以丰富的知识和强大的技术技能为指导,还必须与公共目的、伦理原则和职业理想相一致。因此,教学评价需要实践推理。通过参与利用实践推理将三种思维方式整合到一个特定的解决方案中的过程,为学生成为专业人士和受过教育的综合思想者的进一步发展提供了一个新的、更丰富的起点。

当对个人和道德意义的思考与实践推理有机地联系在一起时,其目的本质上是实践智慧(practical wisdom),这个短语抓住了多方面专业知识。每个专业的准备工作都应该关注如何提高学生对这个目标的追求。特别是对于那些关注商业的社会意义和贡献的人来说,培养以智慧为目标的实践推理应该被理解为至关重要的。

☆

从我们的研究开始,我们就假设本科商科学生可以通过商科课程、商科教育中的其他经历以及文理科课程,学习到前文所描述的博雅教育的模式。而且,往往单独从商科领域或者文科和理科领域学习这些模式是不够的。如果学生学习到分析性、多重框架、反思探索以及与文理科相融合的实践推理思维模式,那么他们很难直接将这些思维模式运用到商科领域。而如果他们只在商科背景下学习这些模式,那么他们在毕业时很难对世界及其在其中的地位有深刻的了解。因此,学生也需要广泛学习博雅教育方面的内容。

这两个领域是相互依存的,而且必须协调一致,这样才会有最佳效果。此外,学生需要有意识、积极地将博雅教育与专门为商科职业生涯准备的学习联系起来。我们也在寻找一些有意识让学生接受博雅教育的项目,这些项目有相应的机制帮助学生整合商科和博雅教育的内容。在接下来的几章中,我们将更仔细地进行研究,并将提出其他领域也可以使用的原则。

五、博雅教育关键维度的教学

在本书的前面部分,我们已经讨论过本科商科专业的学生可以从广泛地对商业的理解中获得好处:他们可以学会分辨和理解市场之间的关系,以及其他社会机构和组织的经济系统。我们尽力去展示为什么学生需要良好的能力去处理市场中的不稳定性,以及当他们面临一些具有挑战性的情况时,如何充分运用他们所关注的相关的知识。我们相信,博雅教育可以通过我们在第四章所讨论过的三种思维方式对上述的情况做出妥善处理。学生们需要意识到他们所处的社会和掌握把所有的一切融合在实践学习中的能力。

博雅教育的含义包含一系列的适用于所有大学本科生包括商科专业学生的目标。然而,这样学习的结果是一回事儿,怎么样教学又是另一回事儿,说起来容易做起来难。本章的目标是更具体地描述教授和培养学生分析性思维、多重框架思维、反思探索思维及实践推理的不同的方法和范例。通过这样的方式,我们希望展示给学生如何在他们的商科课程、博雅课程中获取博雅教育的精髓。这本书里所讨论的问题,对本科商科专业学生积极准备工作、投身社会和满足个人需求都是必要的。

分析性思维教学

分析性思维在整个高等教育中一直是得到特别关注学生教育的教职员工和行政领导认可的,他们将其列为学生学习的首要目标(迪安哥罗等,2009)。这种强调反映了这样一个事实:分析性思维是科学探索的核心,也是从科学探索中产生的技术创新。它是民主公民的一项重要技能,也是各领域理性话语的基础。

正如我们在第四章所讨论的,分析性思维涉及抽象概念的形成和严格的应用。它要求学生去理解特定的事件和更多普遍的概念,并且学会如何使用这些概念来阐明论点并进行有效的论证。分析性思维适用于非常简单的操作,也适用于非常复杂的操作。它是非常有意义的,因此,这些能力不管是在本科生的人文社科或者是商科领域的教育中都是被着重强调的。

分析性思维被应用在很多文理科领域,尤其是科学、数学、心理、经济和其他常需要逻辑分析的领域。它也是商科课程追求的目标。本科商科学生无论其专业是什么都必须修读的会计入门课程,诠释了分析性思维教育在技术系统中的特定商科教育作用。基础会计课程展现的这种方式,也是许多本科商科课程不可或缺的。

来自会计学入门的例子

我们见过许多会计学入门课程都在关注分析性思维,其中包括由百森商学院的弗吉尼娅·索伊别尔教授的一门精品课程。和其他会计学课程一样,这一课程也关注如何帮助学生学习代表各种金融信息的系统，并且提供一个金融信息在经济决策中重要性的概览。这样一来，它在真实数据——例如，公司实际的资产负债表——和这些数据的各种各样的抽象表示之间来回运作。在我们观测过的课堂中，通过使用三个交替的模式来代表某一公司售出产品的开销这一方式，索伊别尔帮助学生找到自己的方式。这三个模式分别为先进先出（FIFO）、后进先出（LIFO）和加权平均值。虽然我们并不是在上会计课，但是我们也应该花一些时间来解释一下这些术语。

在 FIFO 中，出售商品的成本是基于前期购买原材料的开销。在 LIFO 中，出售的商品是根据后期购买原材料的开销来估价的。剩余的库存也相应地是根据前两个阶段购买原材料的成本来估价的。加权平均值方法则关注售出产品的成本和未售出产品的成本，即两者的平均成本。

对使用这些不同会计系统的公司来说，在此期间的经济趋势的影响是个未知数。比如，在通货膨胀期间，FIFO 会导致对成本的过低估计。同样地，LIFO 会导致对成本的过高估计。这又与存货的估价相互影响，在公司的账簿中以资产的形式展现出来。

为了更好地理解会计公式的逻辑，学生们需要一步一步地学习。索伊别尔帮助他们完成这些，并利用几组数据来演示这三个模式的应用并要求学生们给出解答。通过课堂讨论，学生们需要回答公司在某种情况下使用这一模式而不是那一模式的原因——例如，在通货膨胀时期三种模式的税收影响。在讨论的过程中，索伊别尔常常提及公司实际如何选择述说这样的问题。一些交织的信息，如法律法规等，更为他们的讨论提供了特定的情境。

索伊别尔给学生的备忘录会强调这些表现方式的抽象本质："当我们讨论金融会计时，并不一定意味着商品的物理流动。"当有学生将商品的计算和流动混淆时，索伊别尔会利用这一机会来澄清两者的区别。虽然两者的区别强调的是分析的概念，但并不意味着教授分析性思维就全依赖于抽象。实际上，一步一步了解具体的例子对我们了解各种概念和逻辑原则大有裨益，这奠定了这种思维方式的基础。

　　索伊别尔的课程也会讲解分析性思维模式是如何在不同场景下被用来分析一系列的优势和劣势的，因此这也是决策过程中的一个主要工具。当然，不同场景下的计算结果本身并不足以用来决定哪种方式应该被使用，但分析性思维为整体的决策提供了关键信息。

更加复杂的情境

　　分析性思维的一些应用非常简洁，比如索伊别尔在课堂中介绍过的那些。但是，这一思维模式也可以在极为复杂的有多种影响因素的情境下运用。例如：在更高级的情境中，比如我们观摩过的宾夕法尼亚大学沃顿商学院的金融课堂中，这些课程试图解决一些国际、财产和金融问题，且致力于为宏观经济分析提供一个框架，如商业循环和长期经济增长。

　　对这类复杂问题的讨论戏剧化地说明了对分析性思维技能进行完善的重要性。越复杂的情境对更有力的概念模型的需求就越高，因为这直接涉及数据筛选和评估以及对复杂系统的逻辑分析。大部分大学生在这里起步，本科生想要实现高层次的分析性思维总是很难。因此，将分析性思维同各种领域结合是很有用

五、博雅教育关键维度的教学

的,可以给学生更大的锻炼余地。其终极目标是为我们提供一个分析工具,让我们在处理模糊问题的时候更顺利,能够识别出多个交织的影响因素并可以清楚描述它们的机制。

2008年的经济危机让分析性思维模式的重要性得以完全展示:公众开始听说一些金融衍生品,例如,债务担保证券和信用违约互换(麦克唐纳,鲁滨逊,2009;索尔金,2009)。由于这些复杂工具可以变得更加复杂,即便是很有经验的从业者也会遇到一定问题。这一情况使得对高级分析性思维的需求更加迫切,同时也暴露了其局限性。要是有对其更加清晰的理解则会使其风险更加明显,但我们能承担多大的风险不能仅仅凭分析就做出决定。

多重框架思维教学

认知发展的研究显示学生们进入大学前总是认为每个问题都能分出对与错,即使正确答案官方也不知道。那些需要判断力和有多种解决方式的问题总是困扰着他们,但久而久之,他们也能培养出更强的解决某种问题的意识,也会建立起会有多种很好的解决办法这样一种认知(当然也有很多不那么理想的解决办法,金和基奇纳,1994)。

随着学生们不断学习,在智力上也有了进步,他们发现有些问题有不止一个有趣的、有建设性的解决方案,这些不同的方案有时也在分析的角度上很有竞争力。将不同方案应用到问题上的能力是博雅教育的一个标志。正如有人提到的那样,一个有文化的人既能用弗洛伊德的理论来分析马克思主义,也能用马克思主义理论来解读弗洛伊德的学术观点。理论框架产生自具体的、政治的、文化的和智力的语境。更多的学生能借助语境去理解问题，他们的思想就会更老练。高级智力工作对多重框架的需求使得我们不再需要完全借助分析性思维去理解这个复杂的世界。

我们访问的文理科工作者经常强调帮学生们协商分歧的重要性。他们的评论又加强了多重框架中智力能力的重要性，学生们必须学会做假设，而不是像原来那样理所当然，要明白用不同的假设来解决问题会带来截然不同的结果和影响。

正如我们在第三章提到的，让学生们学会质疑假说并不是本科商科教育独有的、典型的。学生们被要求学习和使用标准的商科概念，并不需要他们了解其起源或是更深层的东西。当用这种方式去讲课时，学生们会将这些知识视为客观存在而不是人类发明出来的工具。当个人嵌入一个思维框架一定时间却无法脱身的时候，这种情况会更加明显。他们会将这种思维模式视为真实的，即便某种程度上他们能意识到这其实是假的。这一趋势被一些哲学家称为"抽象概念的具体化"，这让我们在面对有一定说服力的反方观点时不知如何应对。商科工作者可以为具体化做贡献，也可以瓦解具体化。当学生们被要求使用不同的框架时，他们不仅得到了智力上的锻炼，也学到了许多历史、政治、文化根源相关的模型和其他理论假说。理解"事情不一定永远是这样"和"并不是每个人都这么认为"解放了学生们的思想，让他们更加有创造力，会给他们更强的力量去进行创新。

在我们访问校园期间，我们发现好多次可以使用多重框架思维的机会被错过了。在一堂课上，学生在学习"处理循环时间"以及"产出时间"的定义和计算。课堂上向学生提出问题，关注如何使用这一信息来提升效率,这一方法看似有助于学生学习,但如果学生被要求去解决这一概念的核心假说或者一些相关联的概念则会更好。授课效果也可以通过讨论这些现代概念的历史根源的方式得以加强。显然,这些教学法认可的举措并不常常出现在课堂之中,如何去教授多重框架思维模式其实也是挑战。

幸运的是,我们可以见到很多关于这一思维模式的例子。事实上,有些研究认为应将两者合二为一,在本科早期和末期都向学生教授。

多重框架思维模式在"经济学视角导论"课程中的应用

富兰克林与马歇尔学院为对商科感兴趣的学生提供了一个课程:"经济学视角导论"课程。这一课程在大学生涯早期为学生们介绍了许多实用的经济学理论。这个课程在新生公馆开课,授课教师大卫·布里南强调在学生们进入大学时开拓视野的重要性,而不是反复灌输同一个固定的观点,否则会让学生们的思路变得狭窄,会对很多事情失去兴趣,甚至会丧失使用不同框架进行思考、理解问题的能力。基于这一目的,这个课程关注许多学生们感兴趣的话题,例如劳动力市场、商业机构、价格和价值、商业循环和不稳定性、环境等,每一个都从多个经济学角度进行解读。这种话题式而非理论式的教学方式可以让学生们更好地理解多样性的意义。通常,学生们会阅读一些新古典主义的假说,然后阅读一些评论和这些假说的另类解读。其根本目的在于让大家的观点,在新古典主义经济理论掌控了学术界的今天,能够有一席之地。显然,这一课程也教会学生如何去进行分析性思考,学生们会跟踪每一种观点的后续影响;同时也在灌输多重框架思维模式,让学生们从不同的角度去考虑同一个现象。

在我们观察的课堂中,每个话题的时间被控制得非常好,比如探讨2008年经济危机的原因和本质的这节课,课堂讨论整合并探讨了新古典主义、凯恩斯主义和马克思主义理论对经济稳定性和不稳定性的解读。探讨的气氛十分活跃,大家将理论探索和解读经济危机整合在一起,提出了许多问题,例如经济系统是否天生就具有稳定性?原因是什么?一系列的答案被提出,一些基本的区别也被澄清。如果市场是具有自控力的,那么其不稳定性绝对有外部因素;如果市场不具备自控力,那么其稳定性就要依赖一定的政策工具,例如提高边际消费倾向,或使用各种税收或者财政手段。如果资本主义本质上就是不稳定的,像马克思主义所说的那样,那么循环是哪里来的呢?

布里南让学生们去思考:为什么我们现在还需要学习马克思主义?他举例说明了辩证法思想的重要性,比如在高峰过后就会迎来危机,由此又带来新的变化,新的变化又带来一波增长。即便有人不接受马克思的思想,他的理论也为我们理解身边的事情提供了一种解读,这种解读在新古典主义理论中是找不到的。

关于这门关注经济学理论的课,需要指出的是富兰克林与马歇尔学院的经济学是在文理科的范畴内的,虽然它是本科阶段不可或缺的一部分。用主要经济理论的影响而不是培养其专业技能来建构这门课程是一种非常"博雅教育的方式"。这并不是意外,因为这所学校的相关机构的教学项目就是这样设计的。

然而,要是就此认定布里南的方式是博雅教育也会造成误解,因为这暗示着这种课程并不具备实用性,只是学术性的。这种反对观点也是正确的。拓宽学生视野也是帮助学生们更好地应对商业世界中可能遇到的问题的一种方式,在这一世界中,他们会屡次面临协商模棱两可而不能过度简化复杂问题的挑战。为了保证学生们真的做好了准备,学校和相关机构都会在学生求学期间开设多重框架思维模式类的课程,并给予其很高的比重。

培养多重框架思维模式和分析性思维模式的需求体现了传统文科和理科教学拓宽学生视野的重要作用。若我们跳出传统的思维模式,想象多种甚至不可调和的现象概念,要求学生从一系列学科中汲取广博的知识。在这种教学中,大量的内容被囊括,这就需要更多的想象力而不是逻辑和抽象思维能力。也是由于这一点,学生们需要全身心地投入到学习中去,他们需要学习博雅教育,从中汲取养分获取帮助,将所学和所用结合起来。

将历史思维作为多重框架思维

比如,其他学科中的历史课程和历史主题为学生们提供了大量练习多重框架思维模式和分析性思维模式的机会。历史学科的终极目标是为历史事件提供新鲜的解读,构建和捍卫不同的解读,并筛选、评估、提供证据支撑,这些都是分析性思维模式的重要环节。但历史学研究也鼓励学生们从当时的时代背景出发去理解历史问题,当历史思维被应用到商科中时,学生们就会发现他们一直认为是理所当然的一些现状并不一定持久。这些现象不断变化,理解其历史根源才能理解今日的演变。

在我们访问印第安纳大学的 LAMP 项目期间,我们观摩学习了该项目运用历史思维来开拓学生视野、提早准备职业生涯的建设性方法。其中一场研讨会以汽车工业的发展为主题,涉及经济、政治和文化等方面。这场研讨会就使用了历史思维的方式。通过回顾汽车工业在美国的发展历程,研讨会涵盖了诸多的议题,例如早期的汽车工业——商业案例的成功代表、西进运动(1870—1920)时期作为自由标志的汽车工业、爵士乐年代的性和汽车、20世纪中期汽车工业内的性别关系、美国次城市化等等。尤其是考虑到当前汽车工业所面临的危机,在社会政治和经济历史的背景下理解其发展历程,尤其会丰富学生们的理解。

反思探索思维教学

运用多重框架思维模式的能力会极大程度地加强学生的智力,使他们能够使用不同的方法去理解重要的议题,更好地理解历史、意识形态和文化层面的内容。正如我们在第四章讨论的那样,多种解读和角度对学生们来说非常关键,会对他们的职业生涯产生很大的影响。除非这种思维方式可以被应用到确切的地方上来,否则它会导致相对主义或愤世嫉俗,最差也会导致思路的狭窄。

加强对两种思维方式的教学会教会学生去提出自己的论据并批判他人的论据,但是这也会让学生们没有立足之地。基于此,分析性思维和多重框架思维的教学需要在第三种思维模式——反思探索思维的辅助下进行。这一模式会问学生一些问题,例如:我应该相信谁?我想成为什么样的人?我想生活在什么样的世界?我能为世界做什么贡献?缺乏对第三种思维模式的培养是危险的,尤其是当学生们准备从事事关人类福祉的行业的时候。

不止是道德

道德上的考虑对第三种思维方式有着重要的意义,但反思探索思维不仅仅事关对道德的传统理解。事实上,许多道德哲学课程都因其对分析性思维和多重框架思维的重视而闻名。作为对比,反思探索思维鼓励学生并为学生提供个人意义、价值和使命上的指导。这需要想象美好生活并探寻其前景的能力。这样一来,自我发掘、身份识别和自我理解对于这种思维模式来说是非常关键的。尤其是当这种探索是有规划性的且充斥着分析技巧和多重框架思维意识时,它可以拓宽人们的身份认同和忠诚度,会将社会贡献铭记于心。

具体来讲,仅仅因为这个课程有关道德和价值的问题的话,其实它并不能将学生努力实现自己的价值和这些话题联系起来。这个观点在一门名为"道德问题和美好生活"的课程中有所阐述。这一课程是我们访问的学校的一门选修课。通过课程名称我们或许认为它会让学生们进行一次有关美好人生的思考,或给大家一种关于其人生目标的思考。但是,这门课程事实上关注享乐主义、内在或外在的价值、道德的本质、人与人之间的义务。

每一节课都会研究哲学家们提出的各项议题,并且分析有关这些议题的评论和反对意见。大量的话题与学生的个人利益和学术成就及智力发展息息相关,尤其是对本科学生来说。这是非常好的培养学生智力能力和知识水平的方法,为学生后续研究奠定了良好的基础。但就其存在形式而言,这门课程并不会过问学生们的人生意义和目标,这可能对部分学生来说是个问题,但这门课程并不会把其当作目标。

我们考察过的一些其他课程确实会考虑这一点。例如,有一门课叫"工作的哲学",由本特利大学的哲学学院开设,授课教师是马吉德,这门课程一开始就是让学生们反思自己的工作经历,考虑一下自己想从工作中得到什么。然后它又从理论和学术的角度去考虑在当今工作中面临的一些道德问题,例如全球化、工人权利、性别平等等。这门课程使用大量历史、哲学、公共政策等学科的文献,以便让学生们用不同的框架去思考和分析。但是整个过程都有其脉络,会将一些客观考虑和学生的个人经历结合起来,来探究其价值和责任。

职责和领导力

我们也见过教授反思探索思维的课程。我们在这里介绍的是"职责和领导力",这是纽约大学斯特恩商学院的一门必修课程。这门课让学生们思考商业在社会中的作用、商科专业人员对经济与道德的影响以及这些话题与创造有意义的生活之间的关系。课堂材料包括商业的实践案例和一些经典的文科著作的阅读,例如契诃夫、惠特曼、孔子、柏拉图、西塞罗、马基雅弗利等人的著作。读了这些文献,教授布鲁斯·布肯南希望为他的学生们展示道德智慧可以在多个领域、多门课程中被发现,并不只是在哲学课程中。

正如布肯南所说:"'职业和领导力'课程想让学生们去进行思考,去理解他们的职业选择是什么,怎样去做出深思熟虑的关于未来商科的决定,去发现这些选择会影响他们生活的意义和他们本身,并且对道德问题做出正确的选择。他们要选择一个企业或者一个行业,并且去理解他们需要做些什么。他们需要想清楚这与他们将会成为什么样的人有怎样的关系。"布肯南帮助学生们去思考财富的重要性和财富与商品、人权以及法律权利的关系，还有一些在商业活动当中常遇到的道德问题，例如，忠诚与利益的冲突、利益与责任的不对称关系。

教授课程期间，布肯南清楚地将需要承担的道德责任传递给学生，无论他们的导师要求他们怎样做。"在一个行业当中，有很多事情悬而未决。他们需要自己去发现哪些方面是有缺失的，去发现长期利益在哪里……他们需要意识到这个体制并不永远诚实。我尝试着去带给他们希望，表现得积极。但是，他们仍然需要去做出更好的决定。"他建议学生们去思考他们应该怎样去划分他们生活的不同方面，并且扮演一个他们应该远离的角色，提出一个关于是否有真正的自我的问题。

实践推理教学

实践推理，正如我们在第四章讲的那样，涉及使用三种思维模式，在价值和承诺的基础上去解决概念、知识和技术上的问题，去在现实世界中高效运作。实践推理的培养使学生们能够在第三人称视角和第一人称视角中保持中立，这需要在真实的情境当中去解决问题。这涉及在总的概念和具体的挑战、责任中来回摇摆。这种教学让学生们学会用知识和技术去解决复杂问题，提出自己的判断，并在不稳定的环境中做出应对。

在大学毕业后，学生们需要使用专业知识和技术去解决具体的问题。然而，本科生很少能够获得足够的使用这些技能的机会。这就体现了职业和技术教育为文理科提供的领导力的重要性。

有人可能会想,学生们需要先学会专业知识和技术再学习如何去运用。但是,将理论与实践结合的实践推理课程可以更好地提供新知识,并将实践和理论更好地结合。正如我们在前面讨论过的那样,百森商学院为实践推理教学提供了一个鲜活的例子。那里的课程将所有新生置于紧张的课程学习之中,并要求学生们在每个学年之初开始自己的生意。"管理和创业基础(FME)"这门课程旨在为这个竞技场加一个杠杆,让学生们在更公平的环境中去竞争。

FME 在第一学期结合了互动课程、商业创意和经验发展,并且在第二学期启动了一个可选择的商业子公司。在这一过程中,学生们用不同的系统实现不同的商业功能,包括市场调研、库存管理、会计、业绩评估、电子商务和顾客关系管理。这样一来,这一课程培养了真实的技术和处理人际关系的能力。所有学生都在第一学期上了这个课,所以学生们在以后的学习当中可以将这段经历视为实战经历。

这门课的主要目标是让学生们经历更多的商业活动并启动和运营自己的生意,让商科这个概念对学生来说更加真实。每个学生都是公司的职能部门的一分子,所以学生们可以从销售人员那里获得信息,例如:营销部门没有一个有效的策略。营销部的人会说预算方案没有野心,金融专业的学生会解释说这是因为盈利不足。这种小组讨论给学生一种整体的概念,让他们明白一个商业活动的各个部分扮演怎样的角色。当公司发展陷入困境时,问题可以从多个角度去解决。

FME 解决了商科内部的一系列问题,学生们因为他们需要频繁利用自己的专业知识和技能而高度参与其中。将来在应用时，他们对问题的理解也会更有根据。这种课堂模拟让抽象的概念变得具体，甚至让学生在不知不觉中就运用了自己的知识。

我们观摩的这门课节奏明快，持续时间长，从授课到讨论再到课堂模拟。最后，学生们汇报自己的成果。史蒂夫·戈登教授和他的助手为做展示的学生打分，打分机制很严格，学生们需要为过程和结果负责。和令人失望的销售数字相关，学生们在小组讨论中需要去研究如何、在多大程度上完善销售方案。讨论结束后，小组成员需要说明销售份额的问题。在讨论过程中，戈登教授抓住一切机会进行答疑，并给出自己的建议，比如"把份额放在你能控制的事情上面更好"。

每个企业都采用360度全方位评估的评价体系，需要学生们评价自己、同伴、下级和领导。基于这些评价，学生们会得到一个关于自己的综合评价。这只是学生们获得对自己的反馈的一种方式。当学生们感到无助时，工作人员会安排额外的课程或者答疑时间或者给予额外指导。目的是为了保证所有学生都能实现课堂教学要求的目标。在这一过程中，学生们会体验到动力和坚持的重要性，努力工作会得到回报，也会更好地融入团队。戈登说："我讲课，我给出评价，我提升大家的士气，告诉你们如何去为世界做贡献，怎么去对大家和整个集体负责。"

关于FME的叙述说明了实践推理的高度包容性。它吸取了分析性思维和多重框架思维的精华、大量的知识和专业技术。此外，如果实践推理将来成为职业判断的参考依据，那么它需要由强大的社会责任感去支撑，还要有对道德问题的高度敏感性以及解决潜在冲突的能力。它还必须基于博雅教育的第三种模式——反思探索思维而铺设。当然,本科教育只是终身学习的一个起点。但是大学学到的东西仍是有力的武器,它可以在毕业后为学生们铺设起发展的轨道。

一个巅峰课程的例子

为了实现更远大的职业目标,管理学教授格雷戈里·贝克在圣塔克拉拉大学教授商业战略巅峰课程期间提出了一系列的道德、社会及公共政策的考虑。这门课程教授管理策略,提供第一手的经验,并将商业策略和个人及公司价值的探索相结合,也考虑到企业的社会责任。这一课程是站在总经理的角度设立的,因为他要负责公司的长期繁荣。这门课程有一大部分都是在展示和探讨哈佛商学院的案例。学生会被要求以一个人或小组为单位撰写案例分析报告。这些报告包括对市场的分析、成功的关键因素、对竞争对手的分析及可能对这个行业产生威胁的主要社会、政治、经济和技术上的因素。

在我们观摩这门课之前,学生们学习了一个基于旧金山湾区某大型基因工程公司的案例。这个公司离圣塔克拉拉大学不远。这个案例提出了对这一公司经营策略的质疑,这个公司生产药品。在学生们研究的过程中,他们自己扮演这个公司的高层、高级科研人员或董事会成员。正如贝克所介绍的那样:"重要的是提出正确的问题,并给出相应的替代方案。答案会自然而然地呈现。"

这个讨论隐含的是一个有竞争力的、快速的、不断变化的、有很多风险的、需要大量智慧的商业格局。为了在这样的环境当中取得成功,我们需要不断地去发现有效的策略。这个课程模仿了真实的工作状态,去发现关键的问题,去决定选择什么样的策略解决这些问题,也要决定在处理这些问题时应该考虑到哪些方面和哪些关系。

贝克强调最明显的解决方案并不一定是最好的。学生们在这时候总是显得犹豫不决,他们开始讨论生产并建议制药公司去用最低的成本生产最多的产品。但贝克指出,解决这一问题只有一个方案:"不要贸然推测它就是个制药公司,它只是在逐渐变成一个完善的制药公司。"其他的解决方案包括批准新技术、出售新技术、同其他制造商签订分销合同或者依靠大型制药公司建立合资企业。在现实生活中,这个公司选择的方法是找到了一个合作伙伴,建立了一个合资企业。这种方案是学生们在讨论中没有考虑到的。

除了强调在这个高度竞争的市场当中利益优先的策略,贝克也发现了一个天衣无缝的介绍道德问题的方法,那就是在谈话中进行介绍。例如,一个小组正在讨论保护专利的重要性。贝克利用这个机会增加了谈话的深度,提出了关于专利的本质和影响的问题。这一对话关注知识产权、专利和公共利益的复杂关系,以及一些其他的问题。贝克又问道:"在专利保护中,谁是利益相关者?谁是受益者?"这一问题引发了更深层次的讨论。正反方观点都做了相应的陈述。

此后,在一次关于公司对高级科研人员的需求的讨论中,一个学生又重新提到了知识产权这一问题,并指出很多科学家都不愿意以营利为目的的公司工作:"在科学界,人们需要发表自己的作品,并公之于众。因为科学研究是在前人工作的基础上进行的。"另一个学生说道:"我爸爸就是科学家,他原先就在一个以营利为目的公司工作,但后来出于道德的考虑选择了辞职。"

在课后的一次讨论中,我们问贝克他是否认为商业上的成功才是一个企业的终极目标。他的回答十分微妙:"我当然相信我们的系统是在商人和利益相关者之间的关系上建立起来的,管理会使我们的商业价值最大化,但是我也想让学生们明白这不是实现这一目标的唯一办法。"他说他经常通过对比美国的商业体系和其他国家的商业体系的方式来让学生对此有所理解。他的话很明显运用了多重框架思维模式,暗示学生们也需要进行自我探索,使用其他的思维方式。

应对多种挑战

当学生主修商科或其他专业时,学校必须传授给他们实用的知识和技巧,让他们出了学校也能立足,当然在研究生生涯当中也能用到。如果这是目标的话,很明显本科教育需要整合发展维度和专业技能的学习。然而,学习的每一领域都有它自己的挑战。只有少部分学生在入学初就具备博雅教育所需的全面能力。在本科期间,学生必须进行清楚且深入的思考,去探索人生的方向,并用自己的知识去解决复杂的问题。

一个关键的挑战就是培养抽象思维能力,使概念变得真实;同时让学生们意识到这些是概念,而不是现实。如果分析性思维强调排除其他的思维模式,概念和模型或许会变得过于真实。学生们或许会使概念框架具体化,混淆现实的抽象表现。教学法策略帮助学生们理解这些概念,这些概念是人类用来简化和代表现实特征的工具,在理论建立中发挥着重要的作用。

但是,即便拥有了多重框架思维的能力这种高级技巧,对于我们的工作和生活来说也不够。一些细节和措施必须被牢固地建立在人类的目标上。所以,对学习的整合也必须包括意义和目的的探索,并由知识和清晰的思维来塑造。

☆

我们在实地调查中发现,本科教育的基本学习成果在重点上存在不平衡的问题,广泛学习与包括全部成果的机会被错过了。在文理课程中是这样,在商业课程中也是这样。然而,我们也看到了一些具有创造性的教学的案例,涉及文理和商科课程中的思考过程、重点知识、个人意义和目标以及实践推理。

我们在这里介绍了一些优秀的课程作为全面学习的案例。在第六章中,我们将仔细介绍一些能够帮助达到更好的教学效果的特别有价值的教学策略。

六、商科教育中的博雅教育

商科本科生需要博雅教育,通过博雅教育他们可以掌握一些抽象观念,并理解这些观念对他们在工作和生活中将面临的复杂情况的影响。他们需要强大的分析能力和历史文化基础,从而知道感知、理解和解决问题的方式。他们需要有能够跳出固有的思维框架、以全新的方式对未来进行预测的能力。他们需要及时获得方向感和意义感,以自律的角度思考他们的生活选择,并做出符合他们所审视的价值观和信念的承诺。他们的专业以及个人判断应该基于对自己和他人的洞察,以及对职业角色的道德标准和社会意义的理解和承诺。如果学生要从单独具有技术专门知识转向有专业化判断和责任感,那么博雅教育的这些成果是必不可少的。

而以上所提到的成果都是需要学生积极参与学习过程才能实现的。正如第五章中的课程所展示的,这意味着让学生完成各种各样的作业,包括团队活动、商业案例分析、模拟以及口头陈述和书面交流。由于本科商科教育的目标被理解为是广泛而多样的,因此教师需要能够利用各种教学方法,特别是一些能够让学生积极参与的教学方法。从这种角度看,教师选择如何教和教什么是同样重要的。的确,这两者也是分不开的,我们所期望的学习结果必须与适当的教学相匹配。

教师如何使教学与期望的学习结果保持一致?基本原则很简单:教你想让学生知道的或者做的。但不幸的是,这一原则很容易被引用,通常却很难实施,并且很少在课程设计中被提及。为了让学生能够深刻理解一个想法,让他们做这些练习是很重要的,即让学生自己解释这个想法,用新的方式来表达它,在新的情况下运用它,并把它与实际环境联系起来。但是,学生们经常练习的往往不是老师真正希望他们知道和能够做的事情。他们经常练习的内容多是基于传统教学且是易于传授的,而不是基于教学策略和学习目标匹配的内容。

为了使学习目标与教学相匹配,认识到有目的的实践在专业知识发展中的核心地位是至关重要的。教学生掌握任何专业知识或能力都要求教师展示或模拟这一技能或能力,并为学生提供机会来实践,同时对学生的表现进行反馈并给予解释。通常,这种"实践—反馈"需要多个周期。在这一章中,我们将介绍这一系列促进这种深度学习的教学法。

传授专业知识

继格罗斯曼、哈莫尼斯和麦克唐纳(2009)与格罗斯曼和麦克唐纳(2008)之后,我们使用"角色扮演教学法"一词来指具有明确的专业知识以及与之匹配的具有反馈性练习的方法。这些教学法要求学生在长期的督导实习中表现或传授他们的技能。"角色扮演教学法"与人们更熟悉的一套叫作"参与式教学法"的课程交叉(例如,史密斯、谢泼德、约翰逊和约翰逊,2005),这是一种主动学习或以学生为中心的教学法,旨在比传统授课形式更深入地吸引学生。他们还经常提供给学生和当地社区联系的机会。因此,"参与式教学法"包括基于问题的学习、服务学习、社区学习和本科生研究学习。我们之所以称之为"角色扮演教学法",是因为它代表了更广泛类别中的一种方法,它关注的是让学生参与对于技能和理解要素的督导实习。从这个意义上来说,尽管这两个类别对商科教育都很重要,但这两个类别并不是一致的,前几章也都有这两个类别的突出例子。

"角色扮演教学法"在商科专业中的运用与其他领域不同,它包括团队合作、案例和模拟训练,这些方法很吸引学生。当这些方法经常被运用时,可以给学生提供强大的学习体验。但是,它对批判性地审视这些教学策略的局限性、风险和好处是有帮助的(见第三章),对思考如何通过扩大这一教学法的受益范围并使结果与期望相一致也是有益的。

团队合作

与大多数本科专业不同,商科教育更加广泛地运用了团队教学法。20世纪80年代,本科生及工商管理硕士商科专业开始将团队合作作为一种教学方法,部分原因是为了应对那些对应届毕业生团队合作能力不满的雇主。托马斯·欧利希还是印第安纳大学的校长时,经常听到商业高管在高等商业教育论坛上表达这种类似的观点,而这个论坛是由教育和商业领域的领导人组成的联盟。

六、商科教育中的博雅教育

现在看来,教育工作者都积极回应上述观点。在我们参观的每个校园、每个年级以及各个级别的商科课程中都看到了团队合作的教学方法。团队合作贯穿于整个课程中,在综合类的课程中尤其普遍,例如商科入门课程,旨在整合核心商科学科的活动以及高级课程。本书前面已经讨论过的百森商学院大一的"管理和创业基础"课程,通过让学生参与代表不同商业职能的团队来体验不同部门在工作中的相互依存关系,从而帮助他们将不同商科学科中所学的知识结合起来。

有趣的是,学生在团队合作教学法中开展的活动,包括研究项目、案例分析、演示等通常与他们各自完成的作业没有太大的不同。同样,团队合作教学中涉及的知识内容可能也完全相同。那么,团队合作还能给学生带来什么?答案就是"同伴协作",包括简单的小组学习,就是可以促进学习的方法(莱特,2001)。当学生必须向他们的同伴解释想法和其他课程材料时,当他们需要就如何使用课程中的知识达成一致时,这个时候他们就要练习如何将想法用他们自己的话表达出来、引出其中的含义、向他们的听众解释论点的逻辑等等。因此,学生在与他人合作时往往比独自学习时可以学到更多的课程内容。团队周期性的练习和反馈是"角色扮演教学法"的显著特征。

除了有助于学生掌握知识和技能之外,团队合作教学法还能让学生有机会练习他们原本不会练习的技能。其中包括通过实践推理将他们学到的知识应用于复杂的现实世界问题所需的许多能力,比如创建共同的目标和战略,高效和公平地分配任务,说服队友采用特定的目标或方法,礼貌和尊重地接受不同的观点,通过谈判解决分歧并达成折中方案,管理冲突和突发事件,以及激励他人完成任务。当学生与不同的团队合作时,成员会给团队带来不同的技能和知识、文化或社会阶层背景,他们经常会阐述为了能够更好地合作,他们在如何跨越差异进行合作方面学到了多少。

团队合作还可以帮助学生培养对于取得成功非常重要的个人品质,如可靠性、时间管理能力、灵活性、宽容性和开放性。在竞争激烈的商业环境中,为了团队的效率,学习如何调控自己的个人抱负是特别重要的。例如,莫尔豪斯学院的安德森·威廉姆斯教授评论说,一些学生在学习他的"管理基本原理"课程时个性很强,习惯于独自完成他们的工作。但他告诉他们,独自工作在商业上不是一种好的选择,他们需要学会作为团队的一部分来完成任务。

反馈在"学习圈"理论中的重要性

几乎每个团队都会面临的一个核心挑战是如何处理"搭便车问题"(阿什拉夫,2004),也就是如何处理那些在团队中贡献较少的成员。有时这些"搭便车"成员的工作会由团队中更有责任心的人来承担。在其他情况下,这些"搭便车"的成员会重新认识到履行义务和按时履行义务的重要性。实际上,教师也提供了许多方法让团队成员来管理"搭便车"的成员,这些方法的使用本身对所有参与者也都有启发意义。例如,小组项目的分数通常基于同组成员的评估。我们观察到,在某些情况下,团队甚至可以"解雇"表现不佳的团队成员。一名学生描述了被队友解雇的过程,这段经历使他明白,他需要如何改变才能成为他想要成为的人。

六、商科教育中的博雅教育

在沃顿商学院的新生课程"团队中的领导力和沟通"中,"同伴反馈"方法被进一步应用。学生会对自己以及队友进行定性评论,运用量表给每个队员打分。当教学助理与学生单独会见时,他们利用这些分数对学生进行更深入的指导。实际上,在大学期间能够尽早接收到这样的反馈信息对于学生的发展是十分有益的。

意向性

显然,涉及团队合作的教学法对学生是非常有用的。但是,要完全达到预期的目标,需要在学习过程中体现教学的意向性,即告诉学生你想让他们学会什么。这包括明确团队合作所需的专业知识,从概念上让学生明白学习的成果,为学生提供实践这些专业知识的机会,并对学生的表现进行反馈——给学生的反馈是经过精心设计的,目的是让他们在有效合作所需的特定能力方面获得更多的专业知识。这就是"角色扮演教学法"。

我们在观察到的一些课程和项目中,可以发现这种针对专业知识教学的意向性。百森商学院的"团队合作和领导力训练"(CTL)项目提供了一个有些不寻常的例子。在这个项目中,指导教师都是受过培训的校友志愿者,他们在第一年和第三年的第二学期对学生的团队合作和领导能力进行评估。几名指导教师通过观察学生对一个案例讨论的过程来对他们进行评估。讨论结束后,指导教师们会聚在一起,就他们的评估达成共识,然后再与每个学生一对一会面一小时,就领导力的各个方面提供个性化反馈,其中包括影响他人完成任务、团队合作、口头交流、倾听、决策和道德意识等方面。这种评估不仅提供了关于技能和个人素质的经验和指导,还帮助学生思考当他们成为经理时该如何指导他们的员工,如何以具体、积极和非评判的方式评价员工的表现。

上述案例较为突出是缘于它的意向性与罕见性。尽管我们看到了启发式的应用案例,但我们在参观的过程中发现,很多团队作业很少体现这种关于学习目标和信息反馈的意向性。事实上,团队合作的过程和要素可能根本无法被明确。即使团队合作作业现在较为流行,学生们也要自己努力使整体结果优于各部分总和。结果可能令人失望。例如,我们看到一些团队项目只不过是个别成员的一系列不相关的演示。我们需要注意确保学生在团队项目中真的合作,而不是简单地分开工作。正如一位教授告诉我们的,"学生们经常做的是小组工作,而不是真正的团队合作"。如果这是真的,在对大学生的全国性研究中,这将有助于解释为什么在使用团队合作教学法最多的商科和工程专业,学生在"从他人的角度学习"和"了解不同于自己的人"评价结果中得分却是最低的(全国学生参与度调查,2010)。这是令人失望的发现,因为高质量的团队合作本应有助于理解不同于自己的观点。

此外,团队合作有时会产生可疑结果。比如,团队合作可能会被构造成胜负竞争。许多商科学生喜欢竞争,竞争可以激发他们的积极性。就竞争本身而言,团队项目的竞争方式可能是良性的。但是,当竞争与市场化的霸权思维相结合,它就或显性或隐性地注入了商科课程。这种方法可能有助于发展一种短期的利润导向,而不是一种商业领导的社会托管模式。在更直接的层面上,胜负的竞争会给人留下这样的印象:商业,甚至更普遍的生活,都是一个零和游戏。这样的团队活动错过了培养一种习惯的机会,即在冲突局势中寻求双赢的解决方案,这是一种众所周知的可以促进谈判成功的策略(菲舍尔、尤里、巴顿,1997)。

督导实习

有时基于团队的活动旨在创建新的小型企业,就像百森商学院的"管理和创业基础"课程一样。更常见的情况是学生在现有的企业或组织中参与督导实习,这将作为课程的一部分或是独立实习。这种督导实习在专业教育中十分广泛,尤其是在医学和护理学中,但是在大多数文科和理科学科中却很少出现。在这里,专业课程,包括商科课程,为更广泛的本科教育提供了有价值的模式和课程。

指导性实践有许多优点。它可以使抽象的想法具体化,让学生运用他们不断学习到的知识,并通过实践推理体验商业的一体化的本质。参与真实的商业实践能促进学生的个人发展,同时如果加以关注的话,也能培养他们的专业精神。

然而,就像团队项目一样,单靠指导性实践经历无法获得全部期望的学习成果。这些成果要求在塑造学生所从事的活动方面、提供反馈和指导方面,以及对这些活动进行富有成效的、有条理的反思方面具有意向性。此外,进行督导实习的学生从他们的所见所闻中学习,就像在任何其他教学中一样。因此,有必要仔细评估这些实践经历会提供(或不提供)什么样的体验、学生是如何分配时间的。如有必要就要做出改变,使体验与期望的结果更加一致。在我们所访问的高校中,我们看到了有高校将意向性引入到实践教学的课程和项目中,其中包括"服务式学习"课程。"服务式学习"也称为以社区为基础的学习,即让学生参与有组织的、持续的社区服务活动,这些活动既与学生的课堂学习密切相关,又能满足社区需求。然后,学生会结合课程内容对服务式实践进行反思。

　　在这些课程中,学生通常与当地非营利性组织或小企业合作,以帮助他们应对真正的挑战。课堂讨论和课程的其他内容为学生提供了实践经历的结构化反思,并将这些经历与课程的概念和其他实质性目标联系起来。例如,在我们之前提到的沃顿商学院的一年级课程"团队中的领导力和沟通"中,学生在费城参与服务项目,这可以让他们在接受商科教育之初就了解到,商业始终是社会的一部分,他们也有义务帮助强化这一架构。

　　波特兰州立大学(PSU)开设了一门受商科学生欢迎的课程,它将学生与该地区少数民族或女性开创的企业联系起来。该课程横跨两个季度,并通过波特兰州立大学的"商业拓展计划"运作,该计划旨在为参与的企业提供支持。课程中的二十五名学生分成四至六人的团队,与他们所协助和研究的企业合作设计一个项目。我们观察的这个团队,成员包括来自会计、营销、管理和金融专业的学生,他们的任务是为想要开设第二家分店的餐厅提供咨询,帮助老板调查和制定可能的扩张计划。本课程采用了角色扮演教学法,老师会对其悉心指导,并为学生安排大量的时间用于对咨询过程进行反思和分析。

　　百森商学院的选修课"管理咨询领域经验"课程采取了一种稍有不同的方法,这门课程让一小群本科生成为非营利组织的顾问,在工商管理硕士的直接监督下学习管理咨询的技能。作为项目经理,工商管理硕士研究生需要向本科生提供详细、持续的反馈,同时课程教师进行监督。培养诚信和专业精神是这门课程一个明确的目标,学生的成绩一半取决于对学生专业精神的评估,另一半基于他们与组织协商时所做工作的质量。

案例学习

商科教育以其独特的案例分析和讨论方式而闻名。该领域早就认识到,商业实践不仅需要基于课堂的学术知识,也需要我们所说的实践推理的专门知识。从本质上来说,商业案例研究可以代表实际实践,因为学生被要求对案例材料做出"角色性"的回应,就像他们真的在为战略决策准备背景材料,或者为公司董事会或管理层提供建议一样。与大多数真实的商业情况一样,这类工作也往往通过团队合作实现。从这个意义上说,案例、团队合作和模拟在一些项目中会同时交叉使用。

在最广泛的基于案例的项目中,往往集合了跨多个学科领域的学习,要求学生整合他们的学科知识,并将其应用于实际情况,这是印第安纳大学凯利商学院为期一学期的综合核心课程(I-Core)的最终目的。在大三期间,凯利商学院的学生需要同时选修四个学期的课程,包括营销、金融、运营和战略管理。然后,在学期的最后两周,学生会作为部门经理或顾问,向上级管理层就新产品开发的重大资本投资项目的设计提出建议。在这个过程中,学生们需撰写一份六七十页的案例报告,进行全面的分析,并为新产品的发布提供建议。

学生提交的案例报告有三个主要部分。首先,团队基于每门核心课程对案例进行单独的分析。例如,在战略管理中,团队成员需要从整体的优势、劣势、威胁和机会四个方面对公司进行分析,特别是关于新产品的发布。在报告的第二部分,学生们将营销、运营、战略管理和金融的作业整合在一起,对公司进行综合评估,提出改进建议。为了突出业务的相互关联性,团队成员需要解释其中一部分的变化如何会对其他部分产生影响。对于第三部分,团队成员还需要起草一份执行摘要,概述建议以及支撑的论点和数据。

当学生们参与案例分析的整个过程时,他们将越来越擅长在复杂环境中找到主要问题。他们会了解到哪些数据来源说明了什么类型的问题,以及如何呈现对决策最有效的信息。总的来说,这一过程遵循了我们在本章开始时提出的有效教学模式:教授学生战略决策所需的专业知识,学生进行实践,并从同龄人以及导师那里得到反馈,然后他们会思考为什么在有些情况下这种方法比其他方法更好。

这种项目作业对于学生来说既有挑战性又需要很多时间。但它为学生进入商业领域提供了一个窗口,使得课堂学习更加真实化,而这是文科和理科专业学生很少经历的。由于这个原因,它对学生未来职业的规划和更广泛的世界观的形成有着巨大的影响。

无论基于案例的项目是否像上述介绍的案例那样广泛,只要当教师通过这些案例来教授学生复杂商业案例中哪些特征与哪些目的相关,以及如何查找和汇编与案例相关的重要问题所需的信息时,这个方法就是有效的。它不仅有利于发展专业知识,还帮助学生培养思维习惯、构建复杂和模糊信息的独特方式。它将注意力引向一些特征,创造出一种突出感,这种突出感成为习惯,最终甚至是无意识的。

六、商科教育中的博雅教育

案例研究与道德的形成

正如我们在第五章中所描述的那样,圣塔克拉拉教授格雷戈里·贝克将伦理问题引入他的商业策略课案例讨论中,这是对案例讨论形成效果的认可。贝克认为,伦理问题是制定每个战略都需要考虑的一部分,不能从更实际和战略性的问题中被剥离开来。从形成的角度来看,贝克坚持让他的学生超越传统假设,而不是直接将概念应用到手头的案例中。他督促他的学生要思考、质疑,并毫不犹豫地提出建议,尽管这些建议起初看起来可能令人惊讶。贝克强调学生的关键任务是提出正确的问题,然后再寻找答案。这种方法强调思维的灵活性,鼓励学生以新的方式质疑假设和构建问题,并有效利用标准化的分析框架。

如果所有案例讨论都有伦理角度的考虑,那么这些原本看不见的问题在学生毕业后的商业生活中会更加突出。众所周知,辨别复杂和模糊情景中的道德问题(道德发展领域称之为道德敏感性)的能力在成熟的道德判断行为中起着关键作用(雷斯特,1979)。学生练习从案例中挖掘道德问题时,会培养自身的道德敏感性,其实这些问题也往往涉及实际和战略问题。这表明了将商业道德融入商业问题讨论中的重要性,而不是将其与特定道德课程的其他学习分离。

即便如此,学生确实会从更深入地探索他们的道德责任的机会中获益,而案例讨论也可以在商科道德课程和其他提供这种深度的课程中发挥重要作用。提供将各种启发式方法应用于案例的实践是让学生体验构建和管理伦理问题的一种方法。特别是启发式方法被认为是构建问题的有用方式时,至少可以提供一个初步的起点,让学生思考与他们的工作相关的各种伦理问题。

案例分析的框架和启发式方法

举个例子,印第安纳大学凯利商学院乔尔·鲁宾的有关商科道德的课程将启发式方法应用于案例分析,该案例揭示了管理者的许多(有时候是相互冲突的)角色和职责。鲁宾长达一学期的课程是围绕对14个案例深入研究而展开的,其中每个案例都考虑了不同的伦理问题。学生根据管理者的多重角色和责任来分析每个案例。与大多数倾向于关注道德哲学中的经典理论的伦理学课程不同,鲁宾的启发式课程采用了一种更接近商业实践的方案:巴达拉科的"四个行政责任领域"(1992)。这四个领域对应四个角色,每个角色都对管理者提出不同的道德要求:作为一个人,作为一个经济主体,作为一个公司领导者,作为一个在公司范围以外的公民。

例如,在讨论AT&T电子产品外包生产的案例时,巴达拉科的框架提供了分析的基本方向。当他们开始讨论"公司应该外包吗"这个问题时,他带领学生详细讨论了四个不同道德领域产生的角色和责任,提出了诸如"你对失业的人有什么责任?""公司领导人必须做些什么才能保持竞争力?"等问题。鲁宾希望学生们了解一个明智的决策需要权衡利弊,必须考虑短期和长期影响及其对不同群体的影响。他解释说,这样做的目标是让学生养成一种"道德超前"的思维习惯,这样他们就"不会陷入他们不想陷入的境地",并且会做出符合他们的内心以及他们坚信的决定。

在一些课堂讨论结束时,鲁宾要求学生根据案例进行角色扮演。角色扮演给学习增加了另一个维度,让学生有机会练习如何

六、商科教育中的博雅教育

应对困境。模拟当下的压力有助于学生反思自己的价值观、信仰和决策过程,并且提供了在安全环境中应对这类情况的实践。这种课程的效果是显而易见的,它强调了将伦理考虑纳入案例分析的价值,包括那些不主要以伦理问题为中心的案例。

模拟

无论是简单的模拟,如鲁宾的角色扮演,还是基于网络的复杂商业思想和实践的模拟都广泛存在于商科教育领域,并在该领域中独树一帜。我们在参观商科的课程中看到了多种模拟课程,但是在文科和理科课程中还没有发现。我们往往认为模拟是为了教授实用技能,文科和理科课程则侧重于概念学习。但是,事实上,我们观察到许多商业模拟也用在抽象的概念中。

不可避免,对复杂过程和现象的抽象与它们所代表的现实有些脱节。因此,课堂指导者的目标包括帮助学生理解简化概念和更混乱、更复杂和更具体现实之间的关系。在设计好的模拟中,将概念所代表的过程表现出来,将抽象表达得生动具体,以至于让这个过程既令人难忘又实用。

设定一个概念

例如,百森商学院的"管理和创业基础"课程使用了基于计算机的模拟来帮助学生理解被称为"牛鞭效应"的供应链现象。这种现象指的是这样一个事实,即由于从消费者开始到生产商结束的整条供应链上每个阶段都有延迟,由此产生的不同步在供应链的每个阶段都被放大了,就像鞭子的末端比手柄摆动得更远、更快一样。这门课的学生使用模拟来练习如何在多种不同的条件下平衡供应链,并相互竞争看哪个团队会第一个实现供应链平衡。他们完全投入到这项任务中,全神贯注,也会在过程中感受到实现平衡的不易。在这个过程中,学生们亲身体验到了"牛鞭效应"。随着产量的增加,他们拥有了太多的产品,所以他们不得不降低产量,这就导致供应链系统摆动。

这种模拟可以让抽象概念变得生动起来,这是一件好事,但也是一件棘手的事情。概念有时会变得如此真实,以至于学生们混淆了概念工具和他们所代表的事实。因此,这需要一种平衡的方法:概念是人类创造的智力工具,这些工具在理论上、历史上、文化上和思想上都依不同情况而变,通过这种多重架构的学习模式,可以将理论性的概念与学生的学习过程相结合。

"牛鞭效应"是商业领域中的一种现象,它很好地代表了现代商业对效率和使用分布式供应链来实现这一目标的重视。如果课程中的某个地方对供应链如何有效运作有介绍,并考虑到它们的历史、全球影响和其他假设,那么学习将是具体的、有用的,也将是广泛的、灵活的。我们看到一些商科课程包含了概念背景化理解,但是在大多数项目中,它们并不常见,不足以强烈影响学生的体验。

社交智慧的发展与模拟

模拟还可以帮助学生生动地了解社会和情感的动态问题,这些问题通常是从自由的、非文本化的角度来讨论的。当学生们在一起处理案例或在其他项目中模拟实际的商业实践时,他们开始学习商业中的非常重要的技能,同时也学习商业人士的观点、特点,甚至是一些情感风格。

当模拟教学法被有效使用时,这种体验可以帮助学生更好地理解信任、正直以及在商业交易中考虑他人的重要性。这也有助于学生更好地理解企业的快节奏、复杂、动态和竞争的性质,从而对未来工作环境可能对他们提出的要求有一个现实的认识。重要的是保持这两个方面的平衡,或者至少相互融通。否则,如圣塔克拉拉大学"商业导论"(第三章中描述)课程中使用的"迈克的自行车"等竞争性很强的模拟游戏,可能会让学生在未来的工作中陷入一种相当残酷的"赶尽杀绝"的状态。

模拟教学法的真实性使它们成为让学生做好道德行为准备的有效工具,即使是在被要求"走捷径"的压力下。涉及角色扮演的模拟会让学生参与进复杂的道德冲突的情景中,引发比道德困境分析讨论更广泛、更真实的动机、看法和反应。乔尔·鲁宾在我们之前描述的商业道德课案例讨论结束时使用了非正式角色扮演,可以表明模拟是如何增加道德问题深度的。

波特兰州立大学的珍妮·恩德斯教授在她的"商业环境"课上使用了更正式的在线角色扮演模拟,来帮助学生理解公司员工的不同兴趣和关注点。在这个模拟中,每个学生都被分配了一个角色,他们通过两周的在线互动来实现与教师扮演的外部"社会审计员"达成共识。

当珍妮·恩德斯分配角色时,她告诉学生他们的角色的动机是什么,而他们的成绩取决于他们在角色扮演中表现这些动机的程度。例如,一些员工觉得被公司欺骗了,而另一些人在公司有既得利益且利润丰厚。老师会根据学生的参与程度,他们扮演职位的质量、及时性和相关性,对课程概念的应用,以及他们对指定角色的忠诚度进行评估。

恩德斯认为,通过这种模拟让学生参与道德问题的讨论,相较于单独利用课堂讨论来说,对学生的价值更大。她发现,在课堂上讨论伦理问题时,学生倾向于得出明显而简单的"正确答案",因为学生并没有在真实商业环境压力下的思考,所以如果在更具挑战性的情况下,他们的答案可能不会转化为实际行动。此外,当对"道德"和"不道德"行为的划分特别微妙和模糊时,正如他们在模拟中所体验的那样,学生们会比课堂上讨论道德困境时更深刻地理解人类的脆弱性和复杂性。恩德斯还要求学生每周五给她寄一封250字的信,称之为"星期五信件",描述他们如何将课程理念应用到自己的生活中,从而将学生的道德决策提升到更高的层次。实际上通过这种机制,本课程采用了反思探索思维、分析性思维和多重框架思维的教学方式。

书面和口头交流教学

团队合作、受监督的实践、案例研究和模拟不是相互排斥的;它们经常以某种方式交叉,从而产生更好的博雅教育与商科教育成果。在我们参观的校园中,我们被"角色扮演教学法"中的另一个方法所吸引,即对书面和口头交流教学的关注。事实上,这些技能的教授方式为我们在本章中描述的实践和反馈周期提供了特别有用的例子。

商务写作

虽然一些商科课程使用模拟教学法以实现博雅教育的效果,

就像波特兰州立大学的恩德斯所做的那样,但这并不常见。更常见的是,模拟教学法被用来教授具体的实践技能,其中最普遍的是商务写作。商务沟通课程通常包括让学生扮演各种角色的作业,像申请工作时写求职信、起草公司内部的商务信函、撰写各种内部的方案和报告,或者为新企业制定寻求资金的商业计划。

在麻省理工斯隆学院的"管理沟通"课程中,学生们为吸引他们的一份真实工作写一封求职信,或者撰写一些与假设情景相关的信件和方案。例如,他们写了两份方案,方案旨在推行部门内强制实施的政策转变。他们需要向厌恶技术的老板介绍一个新的日历管理软件包,以及向他们的同事解释该软件,并说服他们接受新系统。之后,本课程的学生组成团队需要撰写一份较长的文档,用于准备提案或市场分析。

在这种商业交流课程中,学生们练习的正是他们在工作中可能需要的写作技巧。当课程被很好地设计时,就像麻省理工学院一样,成绩标准从一开始就很明确,学生们也会得到与这些标准相关的写作反馈。因此,学生们学会了根据文档目的、读者、特殊环境撰写文档的写作方式。学生们在这些课程中获得了大量实用的专业知识,这一结果对未来的雇主来说显然很重要,因为他们经常抱怨应届大学毕业生的写作技能。

这些类型的写作作业很有价值,部分原因是它们的针对性很强,它们有助于学生了解根据不同的情况、不同目的来写作的方式。但是,模拟类型的写作作业也可以被看成拓展学生视野的任务。像大多数会计课程一样,比如印第安纳大学的"高级金融会计"课程,这门课强调与企业合并和合伙、衍生产品及相关问题有关的财务报表的准备和解释。学期末学生会有一个项目,要求他们考虑股票价格和实际业务组合的数据。这种技能导向的训练是商科课程的典型特征。

这个项目的目标是"激励学生超越会计学范围进行思考,学会欣赏他们所计算事件的实质"。为了实现这一目标,该项目要求学生们一起写一份报告,评估参与合并的公司、股票市场对合并的反应、新合并实体的业绩及其整体成功的可能性。因此,写作作业要求学生将他们的财务会计知识应用到一个更广阔的商业环境中,以便他们认识到正在学习的财务报表的重要性。

尽管这种经历对学生来说很重要,但即使是有着更广阔视角的"高级金融会计"的期末论文也会存在一些问题,比如商务写作课程遗漏了什么问题以及它解决了什么问题。就博雅教育的三个基本成果而言,对于商科专业的本科生来说,这种写作训练可以很好地培养分析性思维。但它能否训练到我们所强调的另外两种博雅教育的思维模式——多重框架思维和反思探索思维,还没有一个清晰的答案。因此,需要考虑什么样的写作训练可以实现这些效果,并考虑包含更广泛内容的作业能否为商科专业学生提供更完整的大学教育。

调查式写作

写作教学作为一套实用的沟通技巧,在商科课程中较为常见,而且经常做得很好。但是还有另一种重要的写作类型更有可能在人文科学与社会科学课程中出现,尤其是人文学科,但其往往不会出现在商科课程中。普渡大学教授贾尼斯·劳尔和J. 威廉·亚瑟称这种写作类型为修辞调查式写作(1988)。这种方法认为书面语不仅可以传递知识,还可以创造知识。

调查式写作最有可能出现在本科论文或专题研究论文中,但是这些作业并不总是以调查的方式进行。劳尔指出,许多研究论文或论文作业让学生以完成论文为目标。这种方法存在完全忽略了论文的来源及其与调查的关系的问题,而调查在学术领域是至关重要的。相比之下,基于调查的写作始于提出一个真正的问题,这个问题产生于对一个实质性问题的调查,如果得到了有效的解决,也将有助于提高对该问题的理解。

因此,调查式写作从识别问题开始,继而通过研究和调查来找到一个令人满意的答案,在这些探索的基础上提出主张,并找到论据来阐述和支持这些主张、见解和判断。这是一个漫长而艰巨的过程。因为即使提出了很好的问题,也需要学生通过一系列反复的练习、反馈才能学习到专业知识。因此,这种写作作业即使在文科和理科领域也很少使用。

这种任务如果完成得好,那么收效会很好。调查式写作的价值是无可替代的,因为它将严谨但有创新性的观点,隐性的文化和其他假设,塑造自己和他人观点、价值观和态度的力量,及关于重要性和富有挑战性问题的意义探索结合了起来。如果我们考虑所教授的专业知识是什么,学生们被要求练习什么,以及他们在哪些方面得到了指导和反馈,那么调查式写作和实际商科写作风格之间的对比就是巨大的。但在我们看来,两者都是本科教育的重要组成部分。

除了一些人文学科课程,我们认为调查式写作是混合课程中的探究,这些课程为商业世界重大问题的解决带来了博雅教育的视角。印第安纳大学博雅教育和管理项目举办的研讨会"好管家"就是这样一门课程。本课程通过利用各种来源的资料探索管理现象,即精心管理与他人利益相关的资源,这些资料包括《圣经》、关于环境可持续发展的文献、关于非营利管理和个人及家庭忠诚的著作、著名思想家和历史人物的论文、对政治领导人的采访以及最高法院的裁决等等。

除此之外,这门课的学生要写一篇3 500字的研究论文。写作过程包括多个阶段和草稿,每个阶段都以反馈和修改为主题。课程大纲指出,"选择一个主题只是开始。找出问题是写论文的下一步,这可能也是最难的一步"。在与教师商讨确定问题后,学生必须提交一份摘要,解释这个问题的重要性,并提出调查和构建可行答案的策略。总的来说,这个过程需要两个月。这与大多数商务写作课程中简短的、相对简单的作业相去甚远。虽然期望在所有或者大多数大学课程中都让学生参与这种持续的调查并不现实,但我们认为,所有大学生频繁地进行这种工作,以获得初步的专业知识,这种深入的、创造性的调查是现实的,也是必要的。

关于口头交流的两种观点

与我们刚才描述的写作方法非常相似,在本科教育中,对口语交流的教学也采取了实用和调查的形式。在与麻省理工学院课程评审委员会中的一名人文学科教师的对话中了解到,文科和理科学科的教师都认同口头交流技能的重要性,但这两个群体对这些技能包含什么可能有不同的观念。据观察,工程学院和斯隆管理学院的教师更有可能将沟通与表达技巧联系起来,即向观众传达解决问题的过程和结果。相比之下,文科和社会科学的教师倾向于认为口头交流技能主要是在讨论中学习和表达的能力,是一种能够熟练地进行讨论和辩证发现问题的媒介。在这一点上，他们唤起了博雅教育的一个标志性概念。罗伯特·梅纳德·哈钦斯是教育哲学家，是20世纪三四十年代芝加哥大学的传奇校长，他认为，讨论和交流研讨是博雅教育的必要条件。他认为围绕西方文明开创性著作建立的研讨会是他所谓的"伟大对话"的基础（哈钦斯，1955）。

这种关于博雅教学的观点在当代高等教育中仍然非常流行。目的是理解想法、仔细的论证、构建问题的不同方式，社会或个人意义不仅仅取决于个人或单独的活动，与他人交谈是博雅教育的基本教学方法。因此，让学生深入参与研讨会越来越普遍，这可能解释这样一个事实，即人文和社会科学专业的学生往往比商科和工程专业的学生更有可能从不同于他们自己专业的角度学习，尽管商科和工程专业学生更注重团队合作（全国学生参与度调查，2010）。这是因为大多数团队合作的任务导向与研讨会中的那种延伸性对话相比，并不需要真正了解与自己不同的视角。

这种对话不是由教师不时地在他们的讲座中提问学生是否有任何意见或问题完成的。相反，它需要学生之间真正的思想交流，相互倾听，并不断地回应和学习他人的观点。没有教师熟练的指导，讨论的效果是无法出现的。就像任何教学法一样，包括高质量的角色扮演教学法，研讨会讨论也需要关注过程和预期结果。

接触叙述性文本

在研讨会式的讨论中，参与者会分享不同的观点，这有助于学生通过不同的理论、历史或文化视角去了解不同表达的逻辑。

研讨会通常围绕各种文本材料开展,包括各种文学风格。正如我们在第四章中所讨论的,博雅教育中一个特别重要的模式是叙述,即讲故事。各种各样的叙述文本不仅可以引起讨论,也可以引起写作和其他类型的学生活动。

在思考一个故事的意义时,读者会从叙述中提取某些特征,把它们当作更一般类别的例子,这样就可以在不同类别之间进行各种比较和对比。当他们把分析性思维应用到叙述材料中时,学生们可以学会使用分析性思维来理解日常事件或是不寻常的事件。当学生向老师和他们的同学展示他们的分析时,他们会发现同样的叙述可以从多个角度理解,并且不同的解释也都可以被人接纳。

与此同时,学生们经常从情感角度思考叙述中所呈现的问题,感受其中一个或多个角色及其困境。当学生想象自己在不同的人生道路上,拥有不同的价值观和情感时,他们可以探索这些选择对他们自己愿望和承诺的意义。因此,正如我们在第四章中所讨论的,参与叙述过程对博雅教育的第三种模式反思探索思维有着重要作用。

为此,纽约大学斯特恩商学院"社会核心影响力"课程中的"职责和领导力",通过运用安东·契诃夫、沃尔特·惠特曼和其他人的文学作品,让学生思考关于身份、价值观和生活目标等问题。在课程的早期,学生们读了契诃夫的《醋栗》,这个故事讲述了一个农民为了得到他真正想要的东西——一个养醋栗的农场,而牺牲一切的故事。这个故事以这个农民兄弟的口吻来讲述,在他看来,农民浪费了他的生命。这个故事引发了关于幸福含义,关于社会贡献、舒适和美丽的价值,以及这些价值观与个人幸福的关系的问题。这样一来,这个故事为学生提供了一个背景,让他们思考如何定义一个有意义的生活,他们愿意为之牺牲什么,以及什么是值得的。一些学生可能认同农民,另一些学生可能认同他的兄弟。无论是哪种情况,他们都必须从这个角色的视角进行解释,并想象自己面临着相似的生活选择,在更一般或更抽象的层面上思考故事的意义。

尽管小说作品是最普遍的叙述文本,但在历史、哲学、社会科学和自然科学中更具有反思性、解释性的作品(如斯蒂芬·古尔德、奥利弗·萨克斯和其他人的作品),同时电影等也可以成为叙述的文本素材。其中的历史人物、团体、机构,甚至抽象的事物都可以成为故事中的角色。不管故事的性质和角色如何,教学法和它的目的仍然是相似的:通过了解多种观点从而产生洞察力,这将有助于学生接纳不同的观点。在最好的情况下,结果所体现的包容性、综合性的观点代表了一种更为普遍的同情和理解。

生动的叙述模式,如小说或电影,可能是让学生对不熟悉的观点加深认识的特别有效的方法。在本特利大学"工作的哲学"课程中,教授卡罗琳·马吉德让学生们整个学期都在叙述模式中进行学习。除了使用小说和其他叙述文本,马吉德还放映了电影《时钟》,帮助学生了解在20世纪初弗雷德里克·泰勒的科学管理方法的兴起和影响。在看这部电影之前,大多数学生都不知道泰勒在管理史上是个如此有影响力和有争议的角色。对那些在当代管理方法方面缺乏历史观点的学生来说,观看和讨论这部电影让他们真切地学习到了泰勒的方法。

在马吉德的课程中,学生们还阅读了贝贝·摩尔·坎贝尔的小说《兄弟姐妹》,这部小说讲述了不同种族的男女与洛杉矶一家银行的故事(坎贝尔,1995)。故事发生在1992年洛杉矶骚乱后不久,当时警察被拍到殴打一个名叫罗德尼·金的非洲裔美国人,但警察被宣告无罪。通过这本书对银行的肤浅的、多元的虚构描述,学生们开始认识到不同文化背景的个人有着非常不同的观点,并对这部小说提出的困难和有争议的问题做出了自己的判断。

沟通技巧的综合方法

如果本科商科学生没有接受过调查式写作或者研讨会式的讨论以及更多基于技能的商务沟通课程,很难说他们受过全面的博雅教育。这些教学法应该充分运用在商科学生选修的人文社科课程中,我们认为这些课程也属于商科课程。如果它们仅被用在博雅教育中,即一些学生称之为"意见课程"中,那么他们很可能被学生认为这些教学方法与"真正的商业"无关。然而,调查、创造力和逐渐开阔的世界观是商业领域有效方法中的重要元素。将这些调查方法与商业相关的主题联系起来是很多学校努力的结果,包括印第安纳大学"博雅教育与管理"项目,富兰克林与马歇尔学院的"商业、组织和社会"项目等。

☆

关于修辞调查式写作、研讨会以及叙述的教学法,商学院的教师可以从文科和理科老师那里学到很多,比如关于如何将分析性思维与叙述材料联系起来,如何帮助学生学会处理歧义,以及如何教授多重框架思维和反思探索思维。同样,文科和理科学院的教师也可以从商学院教师那里学到很多东西,比如如何确保学生所学到的知识能够真正用于解决复杂的现实问题。为此,学生

六、商科教育中的博雅教育

需要发展实践推理、判断以及一系列技能,包括与团队中的其他人有效合作的技能等。在商科本科教育中应用广泛的"角色扮演教学法",应该为那些希望更仔细地考虑他们应该试图教授什么形式的专业知识以及如何帮助学生以有指导、有引导、自觉的方式实践这些专业知识的文科和理科教师提供榜样。

如果发生这种情况,我们相信文科和理科学科的学习将会得到极大的丰富,对于文科和理科专业的学生以及修读这些专业的学生来说,将会变得更加兴奋和投入。将学习到的学术知识进行实践的即时性与探索和发现的智力活动相结合,文科和理科专业的学生以及修读这些专业的学生都可以获得更充分、更具社会性和个性化的人生准备。

我们相信,将博雅教育和商科学习联系起来的最佳努力方向便是将教师聚集在一起追求这一教育愿景的模式。考虑到这种可能性,我们将在第七章中讨论这种设计,使这样的联系不仅是在个别课程或作业的层面上,而且体现在课程设计等其他方面。

七、整合的结构性方法：制度意向性的构建

从前面的章节中可以清楚地了解到，本科商科项目可以在商科课程本身、文科和理科领域以及结合两者的混合体验中为学生提供大量参与高质量博雅教育的机会。毫不奇怪，考虑到我们本章的一体化主题，我们相信最好对这三门课程都做好准备。同时，它还必须包括一种机制，帮助学生将他们在本科学习过程中所学到的东西串联在一起。

将博雅教育与商科学习结合在一起的教育项目需要仔细地思考，需要资源，而且最重要的是制度意向性。一个通常的方法是让学生在必修课程中选择几门文科和理科课程，但这个方法不能确保项目的整体性。考虑到学生想要获得与职业相关的技能和知识的想法，这个方法不太可能成为学生甚至教师的首选。事实上，我们采访过的一位院长建议学生应该选择至少一门工作量小一些的文科和理科课程。

在我们访问商学院的整个过程中，我们看到了制度意向性对促进商科教育和博雅教育一体化至关重要。有了这样的意向，我们相信任何高校都可以加强商科学生的博雅教育。没有它，一些商科学生可能会通过博雅教育找到自己的方向，但这在很大程度

七、整合的结构性方法：制度意向性的构建

上是一个低概率、高风险的机会。同样清楚的是，如果没有制度意向性，学生探索和成长的机会就会因为学生想要尽可能多地去努力获得商科相关证书而被减少。

幸运的是，一些本科的商科专业已经设计并实施了创造性的策略，以确保他们的学生参与到博雅教育中，并教授他们作为商科专业人士、个人和公民所需的丰富的知识。有许多不同的方法可以做到这一点，最佳的方法是那些基于机构独特的使命、历史、资源和环境所产生的方法。

然而，在各种可能的方法中，课程始终是一个基本要素。也就是说，学生的学习可以受益于个别教师所选择的教学方法，如前几章中所介绍的那样。但是学生真正的综合体验需要的不仅仅是教师的个人选择，它需要对课程和经验给予结构性的关注，这些课程和经验是建立在彼此的基础上的，从而给学生带来良好的综合体验。从这个意义上说，精心组织的课程是伴随着我们称之为分析性思维、多重框架思维和反思探索思维的思维方式的，这是确保商科学生接触、学习、使用文科和理科丰富的实质性内容的唯一且最有效的方式，最终形成明智的实践推理能力。

在这一章中，我们将描述两大类课程结构，它们旨在确保博雅教育与商科教育的一体化。这些课程结构的运用通常伴随着其他目标实现的过程，我们将描述其中的两个：有针对性的学生咨询系统和教师发展计划。此外，我们将考查学生生活和制度文化的共同课程方面，作为支持（或有时破坏）课程整合努力的重要变量。

课程模式和方法

我们在研究中遇到的两种主要的课程模式反映了一种基本的制度选择：是让学生在文科和理科专业学习中为从事商业活动做好准备，还是提供独立于文科和理科专业设立商学院或商科项目。显然，这种选择取决于许多因素，而学校可以选择其中一种并互相转换，甚至可以同时拥有两种课程模式。例如印第安纳大学，有一所商学院提供本科学位，还有一个文科和理科专业可以帮助学生为从事商业活动做好准备。

我们这里的意图不是比较这两种模式的优缺点，因为这很大程度上取决于制度配合的结果。我们的目的是为了说明，这两种模式是如何成功整合博雅教育与商科学习的。我们将首先考虑商学院的项目，然后再讨论文科和理科学院的项目。

扩展和丰富商科教育项目的方法

在商学院或商科项目中，商科专业的学习通常是两年甚至更长的时间。在许多情况下，商科专业的学习更像是一种小型的工商管理硕士课程，本科教育的一些显著特征没有体现出来。但是一些学校也意识到了这种学习方法会有缺失。因此，它们为学生在商业领域从事工作提供了强有力的准备，它们还致力于丰富和扩展这种准备，如将博雅教育作为思考商业和工作以外生活的基础。在我们访问的过程中，我们发现了一些案例，特别是那些能够覆盖所有或大部分学生的方法的案例。

强调社会影响。丰富商科教育的一个方法是，通过明确和持

七、整合的结构性方法：制度意向性的构建

续关注商业对社会的影响，以及社会对商业的影响，从而拓宽商科学生的视野。纽约大学斯特恩商学院在院长和教师的大力支持下，在学生本科四个学年中，采用了必修的"四门课程序列"。这些课程着重于让学生在更大的社会背景下形成职业责任、职业性格和思考能力。因此，在大学一年级，所有斯特恩商学院的学生都选修了"商业及其公众"课程；在大学二年级，还选修了"组织沟通及其社会背景"课程；大三时，他们学习"法律、商业和社会"课程；大四时，他们上一门名为"职责和领导力"的课程。我们值得花时间一次审视这些课程，看看它们是如何设立并相互加强的。

大学一年级的课程结合了充分的系列讲座、小组讨论和写作课，向学生介绍商业、社会、市场、政治、宗教、艺术和生活之间的相互联系。这种对商业的介绍与典型的新生课程有很大不同。新生课程往往提供了对商科的概述，但很少将商业放在社会这个大背景下来考虑其更广泛的含义和内容。大二的学生开始学习如何影响他人和说服他人的社会过程，以及学习如何与更多利益相关者进行有效沟通。大三时，他们学习法律在塑造和管理商业行为中的作用以及对商业的全球影响。

该系列课程以"职责和领导力"这门课结束，这门课程我们在前面几章中已进行了较为详细的描述。本课程要求学生根据他们的自我意识、价值观和人生目标来思考他们的职业生涯。在系主任布鲁斯·布肯南看来，当学生们准备开始他们一生的工作时，这门课程是必不可少的，他说："我很惊讶他们这么早就把许多选择拒之门外了。我希望他们能看到自己有很多选择。"

斯特恩商学院将社会影响作为其四年课程的必修内容，从而

判断出,这些问题对受过良好教育的商业专业人士至关重要。该项目需要大量资源投入,这些得益于在我们访问期间院长萨利·布朗特和许多杰出的教师的热情的领导。为了覆盖整个学生群体,有些部分由兼职教师授课,但这四门课程的领导者都是高级教师,而且兼职教师是经过精心挑选以及做好充分准备的。

我们认为,这个项目虽然与斯特恩的项目不同,但如果与其他商科项目的具体目标和资源相匹配,也可以适用于其他商业项目。它在纽约大学可以更广泛地应用的原因在于学校要求学生全员参与,但在某些情况下,作为选修课提供这种体验可能更可行或更合适。事实上,宾夕法尼亚大学沃顿商学院提供的选修课程就有相同的目的,但是社会影响和责任是次要重点,这意味着学生可以选择它,但它不是学生们的主要焦点。与斯特恩商学院一样,沃顿商学院的项目的学生需要完成四门课程:(1)基础课程"社会影响和责任",概述了从社会角度调查企业的相关问题和可用的工具;(2)重点课程(学生可以从包括城市财政政策、比较医疗保健系统和企业责任与道德在内的几种课程中进行选择),该课程教授理解产生社会价值的具体方法所需的框架和背景知识;(3)应用课程,旨在培养学生在创造社会价值方面可以应用的具体技能,如创业等;(4)从许多相关课程中选修一门课程。除了基础课程之外,沃顿商学院的课程中已经包含了该项目中的内容,因此这种情况有助于该项目的实施。

将文科、理科与商科课程联系起来。一种与众不同的教学方法要求学生明确将商科的课程和其他领域联系起来,以便更深入地探讨学生特别感兴趣的相关问题。这种方法已被圣塔克拉拉大学所采用,它在 2009 年的秋季引入了新的核心课程。一体化

七、整合的结构性方法：制度意向性的构建

就是这个核心课程的主题，用以实现一体化的主要方法被称为"路径"，学生可以在其中选择三四门具有共同跨学科主题的课程。这些课程及经历是为了帮助学生思考学习过程本身，并分别从几个学科的角度来看其职业和教育选择。"路径"集群包括职业，可持续性，民主，领导人员、组织和社会变革，公共政策，食物、饥饿、贫困和环境等主题。组成这些集群的课程也是专门为"路径"项目所打造的。

这意味着商科学生也能像其他专业的学生一样，明确地把他们专业的学习和他们正在学习的其他学科的内容联系起来。许多圣塔克拉拉的教师都提到了将这一课程的结构作为"双螺旋"（我们在这本书中借用的图像）结构，因为它全面、持续地将职业和其他专业与更广泛的课程整合在一起。这个目的是让学生看到专业领域（商科和其他）的文理科维度，了解博雅教育如何丰富和加深与世界的接触。具体例子的说明可以很好地阐释这样的经历对于学生的影响。

圣塔克拉拉利维商学院前院长巴里·波斯纳，也是一位在"领导力"相关著作方面有影响力的作者，他带领了一个"路径"序列叫作"领导人员、组织和社会变革"。这一系列课程对文科、理科和商科专业的学生均开放，旨在检验关于"领导力"方面的理论，同时培养领导人民和组织实现社会目标所需改变的能力和技能。该项目的学生会了解历史和当代领导者及其产生的影响，探索领导者在不同环境和不同角色下用来激励自己并适应变化的方法。通过这种经历，学生反思实现自己的目标同时，满足更大社区的需求的前提下，应该成为什么类型的领导者。

另一个值得注意的是被称为"民主"的路径序列，它拓宽了一

系列在商科教育中特别容易被忽视的问题,而这往往严重损害了学生的发展。该集群的计划书表明,"商业专业人士可能会为自己的观点辩护,即股东、雇员、客户或公民是否应该拥有更强或更弱的权利来影响企业的决策,或者研究民主的经济理论(如安东尼·唐斯或约瑟夫·熊彼特的理论)如何应用于当代问题"(圣塔克拉拉大学,2009)。

当然,没有必要为了设计一套能为学生提供商业和社会观点的相关课程而去修改整个教育计划。例如,本特利大学利用已完成的课程创建了一个基于主题的选修课程,叫作博雅教育专业(LSM)。这个课程遵循一个看似简单的设计,因此我们相信,这个设计很容易被其他高校所采用。本特利的学生在跨学科主题中进行选择,如美国视角、伦理和社会责任、全球视角、健康和工业、传媒艺术和社会等等。因为几乎所有本特利的学生都主修商科,因此每个部分都涉及主题话题与商科的联系。

每个参与的学生也有一个博雅教育专业导师,这些导师在学生可选择的主题领域有专长。学生和导师一起选择主题中的八门课程。八门课程中至少有六门属于文科和理科学科,而且任何一个学科不可以选择超过四门课程。除了参加这些课程之外,学生每年还要写一篇分析论文,由导师指导和评估,并存储在代表学生参与博雅教育专业项目的电子文件夹中。在课程结束时,在导师的指导下,学生们需要对学习内容进行一次整合。

类似于圣塔克拉拉的教育方法,博雅教育专业课程设计的一个重要成果是让学生对不同课程的见解进行交流。在缺乏一体化机制的情况下,学生可以在单独的课程中学习不同学科构建其主要问题、方法和解释的方式,但是他们可能没有注意到不同的

七、整合的结构性方法：制度意向性的构建

框架提供了相互冲突的观点，更不用说通过一体化整合来学习解决这些相互冲突的观点了。本特利博雅教育专业和其他一体化项目很有价值，因为它们提供了促进联系和整合的制度安排。

并非巧合的是，自从几年前本特利大学开始实行LSM项目以来，学生对它的兴趣激增。到第二年年底，500名学生报名参加了这个项目。那用什么可以解释学生的兴趣呢？我们采访过的学生认为LSM是一种相对简单的方法，可以使他们在本特利大学所接受的教育有更好的连贯性，并在此过程中获得了博雅教育。毕竟，这些学生选择了以商科为重点的大学，会担心自己因为选择商科而不是博雅教育专业而放弃了什么。LSM项目正好可以帮助补充他们认为错过的内容。许多学生还认为，他们通过学习LSM中的特定主题，如全球化或医疗保健，在很多重要的方面可以帮助他们做好商业准备，甚至帮助他们发现自己的职业轨迹。例如，一名参加了"职业道德和社会责任"学习的会计专业学生告诉我们，他对法务会计这一职业变得十分兴奋，而其实在他参与到这个项目之前，他还没有听说过这个领域，但现在他决定继续学习。

文科和理科领域的商业准备方法

许多大学生为在商业领域就业做准备。当然最多的选择是在有商学院或有商科的大学主修商科专业。但是，这不是唯一的方法。一些机构也在文科和理科领域提供了商业准备项目。这种模式转移了焦点，文科和理科内容成为中心，并将商科研究嵌入其中。对于商业是如何组织的，它是如何运作的，它是如何影响和被其他社会机构影响的，正逐步成为该模式研究的方向。这种课程结构需要文科、理科和商科学科内容的融合。

商业、组织和社会。富兰克林与马歇尔学院提供了一个有趣的例子,说明这种模式是如何运作的。这个小的博雅教育学院以前提供传统的商科学位。几年前,这所拥有许多商科专业的学校决定将商科预科与博雅教育领域相融合,重组、更名商科系,并赋予该项目更清晰的博雅教育内容。新成立系名为"商业、组织和社会"(BOS),强调商业代表了社会中众多组织中的一个集群,并帮助学生探索商业组织和其他社会机构之间相互影响和相互作用的关系。该项目有意将文科和理科学科内容融入商科研究,提供了历史、心理学、人类学、其他社会科学,以及法律、管理、会计、营销和金融等商科领域的视角。

所有 BOS 专业的学生都选修了一个名为"21 世纪组织"的初级课程。课程大纲从一个有说服力的声明开始:商业,实际上是大多数人类的活动,通过私人、商业、公共部门和非营利组织的复杂网络进行。我们的生活质量越来越取决于我们在这些不同机构中如何有效地设计、规划和执行创新系统和政策。该课程旨在通过战略分析、战略选择和战略实施让学生了解组织的有效性。这种对组织和组织有效性的多学科介绍与标准的入门商务课程形成对比,后者提供会计、金融、管理和营销的简要概述。设计该课程的教师用一个比喻来解释它:传统的商业介绍引导学生感觉好像他们需要将拼图拼凑在一起,而没有看到完成拼图的图片,BOS 课程向学生展示了这幅画面。

BOS 也有助于缓解博雅教育所面临的紧张局势。一方面,许多学生希望毕业后能够胜任一份工作,而对他们中的大多数人来说,在商业领域就业是首选。另一方面,这些学院深深植根于人

七、整合的结构性方法：制度意向性的构建

文科学与社会科学,他们的院系对博雅教育的价值充满热情。一位和我们交谈过的学生说,富兰克林与马歇尔的方法使学院能够"双管齐下"。许多机构,包括大学和文科学院,已经开始建立这种模式。

探索的机会。印第安纳大学的博雅教育和管理项目(LAMP)就是一个例子。LAMP每年组成一个有100名优秀的文科生和理科生的新团队,并为他们提供商科教育,即六门商科课程,包括会计、营销、管理和经济学等。在学年之间,LAMP的学生也参加跨学科的研讨会,将商科内容与其历史和社会背景联系起来。历史学家詹姆斯·麦迪逊主持这个项目,他从文科与科学学院、印第安纳大学商学院以及大学其他部门中招募优秀的教师,邀请他们在自己感兴趣的领域教授一门新的跨学科课程。用麦迪逊的话来说,LAMP专注于"商业的大图景及其与社会和历史的交叉"。他说,学生应该"适应灰色",要超越寻找清晰、黑白分明的答案的倾向。

LAMP的学生不但对商业领域的工作十分重视,而且也表现出了探索性的好奇心,这种好奇心在文理科学生中更为典型,他们倾向于这种求知欲极强的生活方式。其中一个学生给我们讲了一个故事,旨在说明LAMP学生的这种品质。今年夏天,他与印第安纳大学商学院的一些朋友进行了交谈——在他看来,这些人非常聪明,他认为他们未来三年将是为高盛和麦肯锡工作的人。谈话是关于蒲公英的。有人问为什么有些蒲公英顶端是白色的,有些是黄色的。商学院的学生认为,当黄色蒲公英死亡时,它们会变成那种"带有你可以吹掉的白色小东西"的蒲公英。LAMP的一个学生不同意这一观点,转而向生物学专业学生寻求

支持，他认为顶部为白色的蒲公英没有死亡，而是经历了一个自然的繁殖周期。作为对这个解释的回应，商科学生用茫然的眼神看着他，实际上说"随便吧！那是无用的信息"，他们觉得"没关系"。但是，LAMP 的学生向我们强调，在博雅教育的传统中，这很重要。他认为，知道我们的世界正在发生什么是非常重要的。LAMP 的另一个学生插嘴说："大家应该对此感到好奇。"最初的学生补充道："这些人真的让我困扰，烦扰我，我认识的一些最聪明的人对这一点也不好奇。他们不屑一顾，这对他们甚至都不重要。"

像 LAMP 这样的项目并不能完全取代商科专业。LAMP 的教学质量在一定程度上取决于那些有好奇心的优等生。但是这个项目为文科和理科学生提供了一个让他们接触到商科核心教育的重要途径，同时也让他们在更广泛的多学科背景下学习商科内容。

对于文科和理科学生而言，进行商业准备的另一个课程是商科辅修。西北大学提供了一个课程选项，解决了与 LAMP、富兰克林与马歇尔的 BOS 以及纽约大学的"社会核心影响力"课程相同的一些问题，将商业视为一种必须在更广泛的历史、社会、文化和政策背景下才能被理解的社会制度。西北大学哈维·卡普尼克的商科项目，隶属于文理科学院而不是凯洛格商学院。它受到学生的欢迎，辅修该项目的学生在头四年翻了一番，目前是西北大学人数最多的辅修专业，招收了 8% 的本科生。该大学网站将该项目描述为"基于这样的假设，可以通过商业机构对文化、政治、哲学、文学和社会根源的深入调查来研究商业"。与通常的专业培训不同，它的目的是在"作为重要的研究领域"的商科领域中提供一个宽阔的、与多种学科有关的视角。因此，该项目有意将博雅教育与商科教育联系起来。

明确地说，西北大学的商科辅修项目与大多数大学的有很大不同。一般来说，商科辅修专业由商学院开展，其课程基本上是商科专业课程的一部分。例如，坦佩的亚利桑那州立大学商学院提供的辅修课程要求修满 36 学分的商科课程，其中包括 24 学分的低年级课程，如会计、宏观经济学和数学；12 学分的高年级课程，如金融、管理学、领导力以及全球供应链。从本质上说，这是一个小型的被压缩的商科专业，这种课程的目标是让学生尽可能多地获得真正的商科教育，同时又可以主修另一个领域。

一些商学院开设针对商科专业某一小方向的辅修。例如，在克莱姆森大学斯皮罗学院为非商科专业的学生提供辅修课程。除了三门核心商科课程外，学生还可以选择三门课程中的一门，包括体验式、计划式或基础式，每门课程都需要再学习额外两门课程。

支持开设一体化课程

开设一门一体化课程，不仅加强了商科教育和博雅教育，而且以创造性的方式将它们结合在一起，这向前迈出了重要的一步。但是，要使课程按照应有的方式运行，需要学生的认同、教师的专业知识和努力。实现这些要素成功的两个关键机制是学生的咨询和教师的发展，这两个机制在高等教育中很常见，尽管并不总是指向课程一体化的目标。例如，学生咨询可以加强对商科学生的博雅教育，但也会削弱它。如果没有以传达博雅教育价值的方式向学生提供咨询,这种咨询经验可能会强化许多商科学生特有的狭隘工具取向价值观。与设计课程类似,学生咨询必须是有意向性的,教师发展也是如此。教师发展项目表明,行政领导对博雅教育的教学及其与工作准备的联系是非常重视的。而且,因为大多数教师习惯于基于学科惯例的教学实践,而转向新的方法需要反思、交流、技能发展和反省。那么,面临的挑战就是如何设计学生咨询和教师发展机制,以支持博雅教育和商科教育的整合,最终实现这一目标。

学生咨询机制

许多大学的本科商科项目,都聘请全职顾问在学术方面为学生提供咨询。在早期,更多的是教师为本科生提供咨询,但现在人们普遍认为,专业顾问比教师更有能力帮助学生,尽管教师可能更熟悉自己系的课程,但对更广泛的课程要求和机会却知之甚少。当然,专业顾问可以帮助学生选择出符合学习要求的课程,同时也符合他们的特殊兴趣和需求。问题是,当商科专业的顾问在为商学院学生提供咨询时,他们往往倾向于优先考虑商科课程。而当学生选择课程和其他活动时,顾问可能持有强化商科优于博雅教育的观点,因此不利于课程的一体化。

也就是说,即使在商学院,咨询人员本身也往往是博雅教育毕业生,所以他们会在工作中体会到智力探索的价值。现在的挑战是如何做出课程选择,既能推进博雅教育,又能在竞争激烈的就业市场中最大限度地提高对学生的吸引力。我们采访的许多顾问强调了我们所说的商科学生的工具导向价值观。根据他们的经验,这些学生早在高中就知道,他们在大学里的精力应该放在多做提高自己在职场竞争力的事情上。可以理解的是,许多顾问认为学生必须认真对待这些问题,并让学生意识到他们在博雅教育、主修专业以及辅修专业中所面临的挑战。解决办法是建议学生们优先选择他们的商科课程,然后根据时间和工作量再安排其他课程,而不是看重探索和调查的机会。

很明显,顾问们正处于一个困难的境地,这表明了让他们参与到与行政领导和教师讨论如何加强商科学生博雅教育及其与商科教育的联系的重要性。这种参与有助于顾问们思考如何最好地向那些一心只关注就业的学生传达博雅教育的价值。反过来,顾问对课程委员会、对负责构建课程需求和进行时间安排的人的反馈,可以确保创造性的教育愿景能够成功实施。

博雅教育和商科的联合教师发展计划

某一特定学科的大多数教师发展项目都集中在该学科的教学和学术上,商科也不例外。因此,商学院的教师发展项目可能会加剧商学院与文科和理科学院之间已经存在的差距。薪酬、教师办公室和其他便利设施的差异也可能会扩大这些差距。

不同学校和部门的教职工其实很少有机会一起工作。就像我们在校园参观时听到的那样,即使是在小型的博雅教育学院,也没有什么激励措施来鼓励大家在一起工作,甚至可能还有一些抑制措施。例如,在一所大学里,所有的课程都是每周三节,每次50分钟。然而在没有咨询文理学院的情况下,商学院决定改成每周开两次课,每次75分钟。这一变化其实也是合理的,可以让学生在更长、更集中的时间段学习。然而,意想不到的结果就是,让商科学生将文科和理科课程纳入他们的课程表是很难的,同样让文科和理科学生选修商科课程也是很难的。这只是其中一种将文理科与商科分开的方式,如果不特意将商科和文理学科结合起来。

好消息是,一些学校已经实施了促进博雅教育和商学院之间建设性互动的项目。诚然,这些项目还没有普及,但值得考虑,因为它们有几个重要的功能,所以如果运行良好,会很吸引教师。通常由一个集中的教学中心主办包含多学科教师发展研讨会,这种模式可以帮助参与者更广泛地看待他们的教学,并激励他们重新思考现有和新开发课程的目标和方法。当商学院和博雅教育学院教职工在这种情况下聚集在一起时,博雅教育与商科教育进行融合的可能性增加了,这两个不同领域的学院之间的紧张关系也会有所缓解。

近年来,本特利大学的学生都是商科专业的,该学校致力于鼓励文科、理科教师与商学院教师谈论博雅教育,并帮助商学院教师在他们的课程中讲解博雅教育的内容。由当地基金会资助的一系列为期一周的教师研讨班旨在实现上述目标。参加这些研讨班的教职工都是自愿的,参加的人也将获得津贴。每个研讨班中大约有一半来自商学院,一半来自文理学院,他们每天都专注于一个贯穿商科和人文社科的关键问题,如社会责任和道德、通信和信息技术、全球公民意识、批判性思维的不同方法以及对社区的服务。

戴维斯基金会资助的戴维斯研讨会鼓励商学院教师借鉴文科和理科的方式开发新的教学方法,同时支持文科和理科领域的教师将商科问题整合进本学科的教学。为此,教师们被要求对其他领域同事的教学大纲进行评论。据一位和我们交谈过的教师

七、整合的结构性方法：制度意向性的构建

说，这种交流引起了大家对跨学科课程设计以及一些联合研究项目的高度重视。尽管两年的资助期结束后研讨会并未继续，但有足够多的教师参与了研讨会，并构成了这个项目的群体。瓦伦特中心也为他们的工作提供了便利，该中心为跨学科研究和创新教学提供支持，强调文科、理科和商科之间的联系。该中心每年选取一个广泛的主题，如共同利益的政治经济学，并向五名教师颁发奖学金，以减轻教学负担，帮助他们开发跨学科研究项目以及与社会、经济和商科相关的教学项目。

将博雅教育与商科教育相结合的另一条途径在于制度上的文化适应和新教师的支持。这就是富兰克林与马歇尔学院在一个发展项目中所使用的方法，该项目为新教师教授所谓的基础课程做准备，其中两门课程必须由新生选修。这些跨学科课程旨在向初学者展示"大创意"，如何将不同领域的知识联系在一起，并帮助他们发展生活和工作所需的价值观和特质。例如，一门名为"工作是什么"的课程追踪了随着时间的推移"工作"这一概念的变化。该课程由一名经济学家教授，他借鉴了历史学、经济学、人类学、心理学和其他社会科学和人文学科的内容，为学生提供了关于围绕课程组织解决首要问题的多种视角。

在教授基础课程之前，教职工会参加一个由助学金资助的夏季研讨会，在此期间，他们会接受关于教授这类综合课程策略的培训。在研讨会上，教师们分享针对阅读的建议，交流关于课程内容和设计的想法，并讨论可以进行的课堂活动。参与者各种各样的背景导致他们需要对课程的假设和他们将使用的教学方法进行深思熟虑，他们也可以从同龄人和教师那里得到反馈。每年由一名前一年参加过的教师领导，这些教师举办研讨会旨在建立

基于知识调研的一种制度。对于"商业、组织和社会"专业的新教师来说,这些研讨会特别有影响力(因为他们中的大多数人都是在商科领域接受的研究生培训),研讨会以对学生产生真正影响的方式加强了富兰克林与马歇尔的博雅教育文化。

课外活动与校园文化

本科课程不存在于真空中。学生们的学习也受到课外活动和校园文化等课外体验的影响。课外活动与校园文化可以显著加强本科商科学生的博雅教育,也可以扩大往往被商科教育忽视的学生在人文社会科学领域的学习方式。这两个维度在后面的段落中会被分别谈到,但重要的是,要认识到两个维度可以通过多种方式相互促进,无论好与坏。如果其目标是加强包括职业技术学生在内的所有学生的博雅教育,则它值得我们投入精力,以在课程、课外活动和校园文化之间创造积极的协同效应。

课外活动

对许多学生来说,大学里最重要的教育经历不是在教室里,而是在校报里、学生会里,或在与艺术、体育或社会事业(如环境保护主义)等有关的社团里。这些课外活动的经历尤其适合居住在校园内的学生们,但即使是对可走读的学校的学生们来说,它们也是宝贵的学习经验。事实上,研究表明在本科教育中,学生的课外活动参与量、质量与他们在校时间和坚持精神有关(阿斯廷,1985)。在这方面,商科的学生与其他学科的同学们没什么不同。最近一项对本科商科学生的研究表明,他们毕业时对课程的

七、整合的结构性方法：制度意向性的构建

满意度更多地取决于他们对课外活动的满意度，而不是学科教学质量或学生咨询工作（莱彻和尼夫斯，2010）。

正是因为它们如此吸引人，商科学生的课外活动既可以加强商科教育的独立性，也可以加强博雅教育的核心要素。以专业为导向的社团，如会计或市场营销社团，在商科学生中很受欢迎，商业案例竞赛也是如此。例如，会计社团帮助其成员了解会计领域的实际情况，并为潜在的求职者与会计师事务建立良好的关系。与此类似，正如某知名大学的商科学生顾问指出的那样，商业案例竞赛传授有用的技能，并且可以成为商科学生充实简历的好办法。这些都是有益于教育的活动。但是，直接面向就业市场的活动可能会加剧商学院学生的压力。赢得一个案例竞争可能会对其求职有所帮助，但它不太可能鼓励学生超越商科的界限去进行更多的探索。同样地，把自己的空闲时间花在只吸引商科学生的活动和社团上，也会抑制学生对大学生活多彩性的体验。

要清楚的是，我们并没有忽视这些以及其他发生在商学院内部的课外活动的价值。我们的观点是，他们需要教师的指导，以进行更广泛的学习，并不满足于把在课外活动中学到的东西只是当作工具。这种可能性在我们访问的几个项目中都有体现。事实上，许多学生都参加一些社会责任投资社团。这些社团在教授他们实用的投资技巧的同时，也考虑到了社会影响。

其中一个例子是 Virtu 项目，该项目由印第安纳大学的博雅教育和管理项目（LAMP）的学生发起，他们希望把他们的博雅教育付诸实践。学生们向印大的校友寻求自愿认捐，并模拟将认捐的资金投资于精心挑选的证券投资组合中。如果投资是真实的，这些参与其中的校友们同意给一个当地慈善机构捐出投资组合收益的 10%，大学的基金会处理这些财务上的问题。正如 LAMP 项目中的一个学生告诉我们的，Virtu 是"学习的好渠道和带来改变的机制"。

课外活动在与课程有明确联系时可以提供超强的学习经验。例如，百森商学院通过"团队合作和领导力训练"项目（CLTP）将课程和课外活动联系起来。学生在大一时参与这个课外活动项目，旨在发展技能和个人素质，以对日常专业课程学习进行补充。CLTP 提供领导力、团队合作、决策、口头交流和倾听方面的评估和指导。在大学开始的时候参加这个项目，并在大三时重复这一经历，学生们可以设定目标，追踪他们的进度，在看到有待改进的地方时加倍努力。

莫尔豪斯学院也非常重视领导力和团队合作的发展，并将课程和课外活动联系起来。莫尔豪斯学院的大二学生参加了一门必修的管理课程，在该课程中，他们将会制定一份"领导力文件夹"，除其他项目外，其中必须包括一份他们正在参与的一个课外活动社团的报告。因此，我们了解到，应当鼓励学生们参与课外活动，并将这些活动视为学习领导力的经历。

当然，许多吸引商科学生的课外活动都在商科学校之外，也涉及其他专业领域和博雅教育的学生。将不同专业的学生聚集在一起对培养博雅教育极具价值，尤其是当课程直接涉及博雅教育的一些经典内容主题和核心思维模式时。例如，一个名为"校际伦理碗"的全国性竞赛，它汇集了来自全国各地的校园代表队，讨论伦理问题。在比赛之前，校队会收到各种造成道德困境的案例，并需要找出解决案例中道德问题的方法。比赛过程中，评委会进行提问，并根据他们解决问题的能力给出分数。胜出的队伍

七、整合的结构性方法：制度意向性的构建

可以去参加地区比赛,再进入到全国比赛。显然,这种对伦理概念的长期浸润不仅可以培养处理复杂伦理问题的能力,而且还可以使伦理问题在学生的认知和世界观中更加显著。参加这类活动的商科学生可以将他们的道德感带入课程学习中,并最终带到他们的职业生涯中。

校园文化

我们参观的几个项目给我们留下了深刻的印象,因为更大的校园文化的力量支持了围绕博雅教育的共同目标感。莫尔豪斯学院、圣塔克拉拉大学和波特兰州立大学在这方面都有强大而独特的文化。基于他们的特殊使命、历史和背景,每个人都有一种文化,将不同系的学生联系在一起,提供一种共同的语言和某种程度的共同观点。

莫尔豪斯学院承担着教育黑人的使命,这使其在美国高等教育中独树一帜,并赋予其独特的兄弟情谊、团结精神和社会目标。校友马丁·路德·金的遗产渗透到整个学校,成为致力于社会正义和服务于道德理想的焦点。学生们把自己看成走在马丁·路德·金和其他莫尔豪斯学院毕业生的光环中,他们是民权运动的领导者。本着这种精神,商科和文理科都强调道德领导。从设计上讲,一个宏大的领导中心和邦纳社区服务中心一样,都位于事业部的新大楼内,尽管这两个中心都为学院的所有部门服务。

莫尔豪斯学院还有一种强烈的相互尊重的文化,这种文化影响着师生之间的关系、对集中管理的态度、学生的举止,甚至他们的衣着。用院长罗伯特·富兰克林的话来说,莫尔豪斯学院的学生应该渴望成为"文艺复兴时期的人",他把他们理解为文化广泛、世界主义和道德高尚的人。在富兰克林看来,这个词直接与哈莱姆文艺复兴联系在一起,就像它与欧洲传统联系在一起一样。

莫尔豪斯学院的行政人员、教职工和学生渴望拥有"受过良好教育"这一形象,这包括文理科方面的知识以及专业成就和社会贡献。这种对受过良好教育者含义的认同是将知识、智力技能与探索意义交织在一起的强大力量,也是将博雅教育和商科教育融合在一起的强大力量。学校理解什么是受过教育的人至关重要,因此莫尔豪斯学院自然会解决影响社会以及盈利的问题。

在我们2003年出版的《公民教育》一书中,我们详细阐述了在大学中形成强烈社会关注和目标文化的一些要素。这些要素包括物理符号和校园景观的其他特征,它们可以提醒莫尔豪斯学院的办学理念并促进相关的交流。例如,在莫尔豪斯学院,一座马丁·路德·金的大型雕像矗立在校园的显著位置。反复讲述的标志性故事有助于增强对学院的认同,以及作为社区成员的共同愿景——正如我们在访问期间多次听到的那样,做一个"莫尔豪斯人"。标志着变迁、所取得的成就和其他重要时刻的仪式也是文化的有力载体,这在莫尔豪斯学院是真实存在的。

圣塔克拉拉大学与莫尔豪斯学院一样致力于培养社会正义,尽管圣塔克拉拉大学的承诺根植于耶稣会信徒的天主教传统。能力、良心和同情心是圣塔克拉拉大学校园里公认的三大教育理念。我们感到震惊,因为我们看到大学的领导,特别是当时的校长保罗·洛卡特利在很大程度上以耶稣会士的社会正义感发言和行动。

这一观点显然已经渗透到商科和其他专业以及博雅教育中。正如洛卡特利神父所说:"博雅教育的重点应该是人本主义

七、整合的结构性方法：制度意向性的构建

的——世界和我们与它的关系，培养一个能够以知识、判断和美德服务社会的人。"在商科教育方面，这种人本主义理念同样重要。"毫不奇怪，他坚持认为一种纯粹的商业经济模式是不够的，这种模式主要面向为企业负责人（也可能是为自己）创造经济价值的领域。商科从业者，和其他领域的一样，必须有使命感的驱动，这种使命感包括在更大的意义上为世界的福利做出贡献的愿望。"

让我们印象深刻的是，在学生、教师和行政人员的心目中，圣塔克拉拉大学似乎毫无疑问是一所博雅教育院校，尽管它有许多专业学院，并且商科是其中最受欢迎的本科专业。在大多数情况下，和我们有过交谈的学生和老师将博雅教育定义为超越工具的有用技能，包括对世界的更深入了解和做出积极贡献的承诺。在莫尔豪斯学院，我们发现了与圣塔克拉拉大学学生一样的对受教育者的观点，这加强了博雅教育领域和职业教育领域之间如同商业般的联系。

波特兰州立大学（PSU）是一所公立大学，它的校园文化与莫尔豪斯学院和圣塔克拉拉大学的校园文化有很大的不同，这对我们来说并不奇怪。波特兰州立大学的校园文化有两个关键方面，反映了我们在莫尔豪斯学院和圣塔克拉拉大学看到的共同目标和对他人的关心。首先，PSU 以自己是大波特兰地区不可或缺的一部分而自豪。大多数学生来自那个地区，希望毕业后能住在那里。这所大学位于波特兰的中部，有座连接两栋建筑的桥梁上写着："让知识为城市服务。"从学生考虑申请进入波特兰州立大学并收到有关该大学的材料时起，他们就意识到这是一个巨大的城市资源，有利于社区的改善。

这种社区关注体现在课程的许多方面。例如,大学创新博雅课程中的高级巅峰课程旨在为学生提供机会,让他们将所学知识应用于都市社区面临的真正挑战。对社区的承诺也在课外活动中表现得很明显,许多学生组织都与当地社区有服务和联系。

除了与波特兰社区有着完整的联系外,该大学在许多方面都强调环境可持续性,这一主题也融入了其整个文化。"绿色,不仅仅是我们学校的颜色"是校园里经常看到的一条标语。这种对环境可持续性的定位为商科教育和博雅教育奠定了基础。环境问题反映了公民价值观,并涉及商业的多个层面及其与社会的互动。

莫尔豪斯学院、圣塔克拉拉大学和波特兰州立大学阐明了三种截然不同的方法,以体现大学文化中的博雅教育价值。它们的特殊性不能在其他校园中被完全复制,但要注意不同类型的文化体现,这些校园展览可以指导其他机构努力发展能够激励人们并将他们聚集在一起的制度文化。当然,在任何一个复杂的制度文化中,都有许多相互冲突的部分。文化不是静态的,也不是客观的。我们不知道学生或教师对特定的文化仪式或文物做了什么,除非我们观察和聆听它们。但很明显,各机构可以采取措施,将博雅教育的价值观带到文化的中心。多年来,我们在研究中看到了许多成功的做法。

☆

创建一个成功的综合性本科教育的关键是制度意向性。整合是一个复杂的过程,如果没有有意识的设计、培养和付出,它就无法在深层次上占据一席之地。学生和教师必须有意识地去发现并拥抱在商科和博雅教育目标之间建立联系的价值观,而且课程、课外活动和校园文化必须反映并实现这种价值。

　　幸运的是,正如本章中的示例所提到的那样,想要达成这一目标有许多方式。在一种情况下有效的方式不能简单地移植到另一种情况下。但是,把各种例子纳入考虑范围可以使我们对各种可能的策略有一种具体的认识,并且我们希望,随着在校园之中我们彼此学习,能够激发出创造力和创新性。在第八章中,我们将着重讨论两个主题,即全球化和创业——两个值得交流学习的好主题。

八、新议程：全球化与创业

我们在前几章中已经讨论了课程结构和教学策略的重要性，这些课程结构和教学策略可以整合博雅教育和商科教育。关于这门学问的博雅教育内容，人们所说的较少。不过，很明显，如果学生要了解世界及其在其中的地位，并为职业生涯做准备，他们需要对人文社科的许多领域有广泛的知识。在内容上允许相当大的灵活性是有意义的，因为科学、社会科学、历史、文学和艺术在理解世界上都起着关键作用。

这些学科的知识本身是有价值的，以探索的心态去学习，有助于人们增长卓绝的智慧，从而推动人们穷其一生对一切的理解。我们在这本书中的中心关注点是博雅教育对商科职业的价值，本章试图说明博雅教育的内容为什么是至关重要的，以使学生准备应付商科所带来的挑战。要做到这一点，我们将把重点放在两个问题上：全球化、创业（或创新），这两个问题是长期存在的，但在当前尤为尖锐。这只是一系列更大的紧急、复杂挑战中的两个，需要从许多学科中获得见解，但我们希望它们能为我们关于将博雅教育内容与商科准备结合起来的更大论据提供有力的例子，以及一个有用的对比。在全球化的情况下，已经有了很大程度的整合；在创业的情况下，联系现在才开始出现，但整合的潜力是巨大的。两者都提供了关于如何培养有意义的关联的课程。

全球互联的世界教育

在过去的十年左右，人们越来越认识到全球商业的相互关联性和全球化加剧的方式，以及复杂的当代商业竞争趋势。这种提高的意识也揭示了战略竞争与商业的社会和环境影响的交叉方式。全球化的不断升级的影响说明了商业环境的重大转变，其结果是普遍存在的威胁感、兴奋感和机遇感。

商科教育工作者很清楚这一转变，并为学生做好应对这一转变的准备。事实上，作为一个整体，本科教育已经开始承认为全球世界做准备是一个重要的学习目标（美国大学协会，2007；霍夫兰，2009）。实现这一目标需要学生采用更广泛的社会地理学视角，利用经济、政治和文化形式的多元化。对这一复杂目标的共同认可代表了博雅教育和商科的重要共同基础，也使商科教育工作者有很多机会进入高等教育的其他领域。而且，与全球化相关的问题需要多学科的观点，并引起了整个学院的兴趣和关注。全球化是商业和博雅教育一体化的理想氛围。

全球文化素养开启了社会科学、历史、文学和语言、艺术、宗教、科学、数学和技术等各种学科之间的联系。它也为我们运用博雅教育所认同的三种思维模式提供了机会。首先，了解全球商业的复杂性自然会吸收并建立学生的分析性思维。全球视野教育还需要并有助于发展多重框架和反思探索思维。事实上，深入了解自己之外的文化也是一个舞台,在这个舞台上,年轻人意识到自己先前毫无疑问的假设和观点的部分性和偶然性。将学生引入全球视野的高质量课程和项目有助于他们发现,他们认为理所当然的安排不是"天生的",而是在一系列完全不同的选项中代表一种可能性,其中一些可能同样好,甚至更好。这种理解让学生们看到了自己的文化,并更好地理解了被文化融合的定义:没有人是文化自由的,每个人都在特定的、多元的、复杂的文化体系中运作。

这种学习比把其他文化看作异域文化更重要,尽管起初,另一种文化的习俗可能看起来很奇怪或有趣。挑战是帮助学生从他人的角度看待世界。为了实现这一点,学生需要从一个去中心化的角度,从体验和情感层面感受文化差异。这个世界上有不止一种合法的方式来理解和赋予人类价值。

并非我们所观察到的所有国际商务课程都提供了从多个角度看待世界的经验,有些课程坚持美国的观点。如果后者是真的,学生就需要学习其他地方的规范和偏好,以增加他们在国际环境中或与国际合作伙伴合作中商业成功的机会。这些类型的课程承认无意中违反非美国环境或合作伙伴规范的风险,并帮助学生避免此类违反行为产生的后果,但这种方法只提供了对不同文化观点的肤浅理解。

然而,在访问校园期间,我们观察了旨在教授更深层形式的全球意识的课程,该课程还灌输了一种对不同国家、地区、民族或宗教团体丰富多样的文化背景的理解。一些课程对一个地区的历史、宗教传统、艺术、政治制度、地理等方面的跨文化影响进行了复杂的分析。以这种理解为目标的课程认真对待不同的文化观点,并更深入、更周到地参与其中,以应对国际合作和全球关联经济的复杂性和微妙之处。其中许多课程和项目直接借鉴人文科学和社会科学,使学生对其他地区或其他国家处理问题的方式有更深入的理解。

印第安纳大学博雅教育和管理项目提供的"全球化和东亚的商业文化",说明了这样的课程是如何运作的。它探讨了"二战"后东亚作为经济、技术和文化活力所在地的紧急情况,以东亚经济的历史视角,集中从中日两国作家的文本中汲取经验。

课程中提出的问题:哪些历史发展影响了东亚国家体系的当代形态,这些体系有何不同,各经济体如何通过目标、政策和对更大全球体系的定位而统一的?1900至1945年间,日本帝国主义对包括中国台湾和韩国在内的地区的政治经济的形成有什么影响?什么样的文化体系和核心价值观是当代东亚商业实践的基础?美国企业是如何在自己的商业模式中,首先忽略,然后竞争,最后接受这些实践的?对东亚资本主义的理解如何帮助我们更广泛地预测全球化的未来?

当学生们考虑这些问题时,他们会通过形成这些体系基础的非常不同的假设进行思考,了解资本主义在不同的政治和文化体系中是如何变化的。很明显,这门课程不仅仅是一套在国外推销产品或雇用工人时要注意的技巧。

伦理考虑

随着学生们对世界文化的多样性有了更深刻的理解,并试图对不熟悉的文化进行解释,许多人失去了对任何一套原则的掌握,而这些原则可能使他们做出正确的判断。结果有时是文化相对主义的一个坏例子。然而,作为世界公民和在全球范围内工作的商业人士,他们将需要做出决定,而且通常这些决定需要考虑到相互冲突的(不仅仅是明显不同的)道德规范。博雅教育的第三种模式,反思探索思维,需要帮助学生找到尊重他人观点的方法,同时也需要找到一些能够指导自己的承诺和行动的坚定原则。

宾夕法尼亚大学沃顿商学院的"企业责任"课程说明了这方面的可能性。我们观察到的课堂讨论集中在国际背景下的性别平等问题上。学生在课堂上进行角色扮演为一家在拉丁美洲设有办事处的美国公司打官司。一名来自拉丁美洲的男学生担任此案的高级经理,一名女子担任二把手。在这种情况下,与男性高级经理相比,女性更了解所讨论的商业交易。但男经理将更了解的同事排除在与当地客户的讨论之外。女同事很沮丧,但高级经理通过援引当地文化期望为自己的行为辩护。

在角色扮演中,男经理说,考虑到这一背景,他不能随心所欲地遵循自己性别平等的倾向。这位女士说她很伤心。她认识到同事的糟糕处境,但也觉得没有给她成功的机会。另一个学生建议,她应该适应工作环境,像那种文化中的女性那样,在试图间接控制局势的同时,以从属的方式行使权力。另一个学生则认为,这个女人应该面对她的同事,要求他给她一个机会,对她更加平等。在角色扮演的最后,教授总结道:"我认为我们大多数人都同意你必须承认和尊重文化差异。我认为我们大多数人都会同意的另一点是,萨拉应该被告知的更多。面对这样的情况,我们要随机应变。在这种情况下,我与许多高管的经验是,就像他们说的,'我们认为我们不能让一个女人进入中东,但我们做到了,而且她已经取得了巨大的成功'。"

全球学习在课程中的地位

我们访问过的所有商学院都开设了本科课程，直接解决国际商务、国际经济学、与商科有关的区域问题以及全球化的各种来源和影响。其中许多课程还涉及当今全球互联经济体系提出的复杂问题，包括贸易政策、外汇和国际金融、区域和全球金融危机以及国家行动对市场效率的影响。其他课程，如印第安纳大学的"全球化和东亚的商业文化"，都涉及特别是关键地区的文化背景。另一个共同关注点是商业功能，如通信或营销，在全球范围内引发特殊挑战。

一些学校超越了个别课程，提供了更全面的课程，使学生能够更深入地研究国际问题。例如，在本特利大学完成博雅教育专业（LSM）的学生中，全球视角跟踪是一个很受欢迎的选择。这些学生汇集了一套文理科以及商科方面的课程，研究他们感兴趣的国际问题。大多数选择这一选项的人对特定国家或地区产生了浓厚的兴趣，并学会了语言，在国外学习了一段时间。他们对 LSM 项目充满热情，LSM 项目拓宽了他们的眼界，让他们成长迅速，思维变得广阔，学习了与商业生涯直接相关的课程。本特利大学还提供了一个全球研究专业，这需要良好的语言能力和一个学期的海外经历。

沃顿商学院的亨茨曼国际研究和商务项目尤其宏大。学生们作为大一新生进入这个为期四年的项目，在宾夕法尼亚大学文理学院获得国际研究学士学位，在沃顿商学院获得经济学学士学位。综合课程协调了博雅教育、高级语言和商科的广泛课程作业，包括必要的海外学习经验。学生必须能流利地使用第二种语言,并且专攻使用该语言的领域。

像这样的深入项目可以影响那些想要为全球商业做特殊准备的学生,但也很重要的是也会影响那些不想做这种准备的学生。因此,全球问题应该被纳入各种主题的课程中,这是我们在校园访问中看到的一种趋势。例如,莫尔豪斯学院的一位高级管理学教授告诉我们,自20世纪90年代以来,管理学教科书最大的变化是对国际问题的重视程度大大提高。他在必修的基础管理课程中所用的书中有一章专门论述国际问题,其他章节中突出了国际范例。美国工作场所内的文化多样性也越来越受到这门课程以及其他管理课程和教科书的关注。

我们对管理学和其他学科课程的观察证实了这位教授的看法。例如,沃顿的"企业责任"课程本身不是一门全球学习课程,但它经常让学生思考,如果他们在国外工作或与其他国家的同事合作,他们将如何处理可能遇到的文化冲突,以及如何思考具有全球影响力的商业决策,例如问题外包。

外语课程是整合跨文化学习的另一个必要途径,尽管并非所有语言课程都能利用这一潜力。本特利大学非常重视全球商业的筹备工作,其语言与国际合作中心在筹备工作中发挥着重要作用,它提供的资源包括国际新闻的实时卫星广播、与国外大学进行视频会议的全球剧院、多用途电视、自动点唱机,以及大量国际期刊和其他出版物的收藏。

出国留学

全球视野和跨文化学习最常见的教育方式之一是通过留学项目。其中包括为期一至八周的短期体验,学生所在大学卫星校园的一个学期或更长时间,或外国大学的一个学期或更长时间。自 20 世纪 90 年代中期以来,出国留学的大学生人数增加了两倍多,尽管随着贫困学生接受高等教育的机会扩大,大学生的总体比例保持稳定(卢因,2009 年)。不足为奇,不同学校的入学率差异很大,这取决于学校对国际问题的重视程度和普通学生可用的财政资源。在全国范围内,短期课程的参与率高于长达一个学期或更长时间的课程。

为了培养全球和跨文化学习,国外留学项目在构建学生体验的程度上存在显著差异。不幸的是,有些学生把留学更多地视为旅游机会,而不是为全球公民身份或从事国际职业做准备。美国一所主要大学的海外研究主任最近发表的一篇关于全球学习的期刊文章指出,"许多学生仍然把海外学习视为一个学期的休息,从……高等教育的需求中解脱出来"(卢因,2009,第 8 页)。"我们发现自己把这些更高的目标推到学生身上,与他们期望的旅行、冒险和寻乐相反(第 9 页)。"此外,绝大多数学生选择在富裕的欧洲国家度过他们的学期,从而限制他们接触与美国最不同的文化。

实际上,出国留学项目在目标明确的情况下最有意义,为学生提供具体的方式,让他们了解所在国的文化、历史、地理和政治,以增长知识和提高参与度。学校致力于教授全球系统、区域研究和语言,为留学生和非留学生提供丰富的准备环境。以教师为主导的短期国际课程和卫星校园课程可能无法提供与外国大学一个学期相同的沉浸度,但更为密切监督的课程可以更好地控制学生的学习体验质量。

我们所有的实地考察学校都资助短期或学期为一年的课程

学习，为本科生提供服务。与有时轻率的出国留学经历相比，我们感到参与留学的学生有强烈的学习和建立国际联系的动机，这可能是因为全球化的影响非常显著，而且国际性的职业机会也很多。这是对短期和长期留学课程的有效利用，在这方面，商科教师可以更广泛地成为校园的资源。

一些商学院学生的海外留学经历被纳入了几年的课程中。我们已经提到沃顿的亨茨曼计划和本特利大学的全球研究专业。同样，纽约大学斯特恩商学院的学生也可以选择全球研究专业学习或工商管理和政治经济专业学习，这两个专业都将国际经验与课程结合起来。全球研究专业的学生在伦敦学习一个学期，在上海学习一个学期，在拉丁美洲学习一个较短的学期。选择工商管理和政治经济专业的学生在伦敦学习两个学期，在上海学习一个学期。

除了为众多感兴趣的学生提供深入的课程体验外，一些院校还确保所有商业专业的学生都出国，至少上一些短期课程。例如，在斯特恩商学院，所有的大三学生都要花一周的时间参观另一个国家的一家公司，课程的每一部分都与不同的公司联系在一起。学生了解公司面临的机遇和挑战，然后提出建议，帮助提高公司绩效。项目报告必须解决宏观经济、政治、社会学和商业战略问题，通常包括对公司社会影响以及销售和盈利能力的建议。这些项目报告的编写是以单个团队为赢家的竞争形式进行的。

斯特恩商学院认为，这些课程和其他国际课程体验对他们的学生有着强烈的影响。许多学生在常规课程中提到他们的国外学习经历，例如描述他们在中国或意大利看到的事情，并请教师处理该主题的国际层面。对于在发展中国家学习的学生来说，世界各地的经济不平等现象更加明显。严重的贫困和极端的收入不平等,在课堂上解决时可能显得抽象或遥远,当学生面对面体验时,就会变得非常真实。同样,在德国进行的国外研究,比较了德国和美国的医疗保健体系,可以更好地了解美国和国外的医疗保健政策问题。

具有国际维度的课外活动

在第七章中,我们讨论了作为整合和博雅教育来源的学生课外活动的重要性。商科生的热门活动包括以学科为基础和以商科为导向的社团、服务学习体验、宿舍项目和校园活动,如受邀演讲。这些领域中的每一个都可以包含一个国际维度。例如,沃顿的亨茨曼计划中住在一起的学生们一起参加一些基于宿舍的活动。圣塔克拉拉非常重视服务和服务性学习经验,在暑假和春假期间为国外的服务旅行提供了许多机会,商科生在这些项目中表现很好。

另一种使课外活动国际化的方法是通过系列演讲,通常面向整个校园社区开放,由美国及国际的专家介绍全国经济和商业问题以及地缘政治问题。例如,莫尔豪斯学院赞助了一个正在进行的项目,在该项目中,非洲国家的当选总统来到校园,讨论领导能力和他们国家面临的问题。一些商学院为参加讲座的学生提供课程学分。

商学院学生参加的一些社团也具有国际性。其中最突出的是"赛扶"(SIFE)。正如该组织的网站所描述的,SIFE 的使命是通过商业的积极力量创造一个更好、更可持续的世界(赛扶,2010)。该组织列出了 40 个国家的 1500 所会员大学。SIFE 的项目包括国家和国际社区服务项目,以及学生团队展示项目成果的年度竞赛。每年,比赛都会产生地区和国家冠军,以及 SIFE 世界杯。

除了广泛的具有国际维度的课外活动外,大部分本科商科课程还招收了大量的国际学生。一些学校赞助正式的交流项目,从特定国家招收学生,许多学校只是吸引大量的海外学生。不管怎样,结果都是一个多国的校园社区。尽管这可能会导致在性别角色、阶级划分和其他高度关注的问题的规范发生冲突时产生紧张关系,但它也在使学生准备在一个全球联系的世界里生活和工作方面发挥了重要作用。

创业与创新

新企业的发展被广泛认为是保持经济活力的一个关键因素,企业环境中的创业努力往往对现有企业的生存和发展起着关键作用。与创新密切相关的问题对美国企业的未来也至关重要。尽管在当今世界,这一主题显得不重要,而且创业并没有在大多数本科商科课程中得到很好的体现,也没有在文理科的相关领域中得到广泛的体现。这一领域的产品相对匮乏,这与在全球互联的世界中学习有效运作的丰富机会形成鲜明对比。虽然我们看到的每一所商学院和部门都承认学习全球化对商业生涯的准备至关重要,但只有少数几所商学院(如百森商学院)专门为学生的创业做准备,大多数内容都将该主题视为一个利基问题,只提供适度的覆盖范围。由于创业和创新的相关问题在其他课程中很少严肃对待,创业课程也很少需要,学生很容易完全错过这些

八、新议程：全球化与创业

经验。那么，问题是，在新兴的创业领域中，如何使课程与全国化特征更好地融合？如何重新设计该主题，使其有机会找到并建立与博雅教育的联系，以及在商学院学生为工作和生活做准备时，他们将获得哪些好处？

创业的广阔视野

尽管创业经常与新企业的建立联系在一起，但该领域的学者和教育工作者都更广泛地定义了这个术语。印第安纳大学创业项目的创始人兼主管唐纳德·F.库拉特科告诉我们，他认为创业是一种"思维方式"。这是在混乱的情况下看到机会的能力，用创新和创造力解决问题的能力，以及以新的方式应用人才的能力。F. W. 奥林杰出企业家主席、百森商学院前教务长帕特丽夏·格林也谈到了创业，包括但不限于新企业："创业涉及识别机会、调动资源和提供领导地位以创造价值的能力。"这种价值创造可能通过建立新企业或根据感知的机会振兴成熟组织来实现。从这个意义上说，一个广泛的创业概念对于组织的结构有着重要的文化、治理和系统设计意义。

与全球化一样，文理科对创业也有很大的贡献，创业是博雅教育和商科教育融合的理想场域。首先，它可以拓宽社会心理学家所说的社会认知和系统的视角，帮助学生从死记硬背的现状思维转变为更为完整的、面向变化的思维。在这个意义上，正如库拉特科指出的，创业与创新紧密相连，创新可能涉及新产品、新生产方法、新市场或新的组织形式。这种相对宽泛的创业理念似乎为创业思维和技能开辟了一条道路，使之成为各种主题课程的目标，而不仅仅是那些直接涉及新企业创建的课程。对创业的更宽泛的观点,以及对其与创新的内在联系的更充分的认识,也指出了利用博雅教育的见解和内容丰富创业教学的潜力(在很大程度上尚未实现)。

公益创业、社会影响和可持续性

近年来,创业的概念已扩展到利用商业实践和学科,通过所谓的公益创业,为难以解决的社会问题创造、创新解决方案的企业。社会风险投资很可能是非营利组织,但有些是盈利的企业。为了被视为一个社会创业企业,而不是一个社会责任企业,社会使命必须是前提和中心。但值得注意的是,公益创业锚定了一个连续体的终结,这个连续体由社会影响的相对中心性及其对机构使命和运作的贡献来定义。从这个角度来看,公益创业可以理解为一系列新出现的关注点的一个例子,这些关注点包括(在所谓的"三重底线"中)社会影响、可持续性和利益相关者理论,所有这些都需要从长远的角度彻底强调社会影响,包括考虑业务决策对后代的影响。

近几十年来,作为一种概念性和组织性的方法,公益创业作为一种思考有组织地追求社会变革的方式已经变得相当有影响力;它现在在当代慈善事业和其他非营利活动中发挥着越来越重要的作用。包括著名的阿育王在内的几个组织:公众的创新者和斯科尔基金会都促成了这一举措。随着兴趣的增长,公益创业似乎为引导大学生的理想主义提供了一种有价值的途径,同时也教授了广泛的组织和领导能力。无论社会企业是以营利为目的还是以非营利为目的,它们都与以营利为中心的企业有着许多共同的职能和组织结构,因此许多为培养学生创业所做的努力也适用于社会企业。支持公益创业的项目也有助于学生提高成为企业家的能力。

为了在社会事业中取得成功,学生们需要实践技能、一种培养创新能力的扩展视野、目标感和激情。为了尽量减少善意干预现状,特别是在非学生的文化背景下造成的无意伤害,还需要了解公众对干预措施的复杂反应,了解社会运动的历史,了解他们在宪法、法律、政策和其他环境中将要做的努力。从这个意义上讲,公益创业准备与社会责任、可持续发展的企业准备之间也有着密切的联系。

不幸的是,与面向企业的创业课程相比,公益创业课程在本科商科课程中更不常见。这是一个重大的纠错机会,它可以帮助学生学习应用和整合商业学科与博雅教育内容和思维模式,同时激发他们在世界上做出积极改变的动机。这种对社会贡献的关注将是大多数商业学生接受的高度注重利润的教育的一个重要平衡。

此外,商业创业和公益创业为学生提供了机会,让他们探索独特的、自创的、不同主题的综合性问题。一些学生可能对艺术或教育领域的创业活动特别感兴趣,或者对诸如性别历史或创业中的种族等主题感兴趣。考夫曼基金会正是以这些富有想象力的交叉点来为文理科专业学生提供创造教育的宏大计划的。

一个重要的警告是将创业和商业模式的原则应用于教育、慈善、艺术和传统商业范畴之外的其他领域。我们在前面的章节中讨论了描述不同领域的不同制度逻辑,认为对商学院学生来说,博雅教育的最大好处之一是帮助他们理解商学院是众多机构中的一个机构,并理解管理不同类型机构的不同性质逻辑的范围。如果实现了这一点,它应该提高人们对一个领域(通常是商业领域)的制度逻辑被应用到另一个领域的时间的认识,比如教育。这种高度的意识使人们能够准确地认识到,商业观点如何能使教育领域受益,以及它的风险是什么。艺术、教育、慈善事业和社会企业的创业教育,更普遍地说,通过向学生提出这些问题,可以做出重要的贡献。这些课程不允许学生认为"一切都是生意",而是鼓励他们仔细思考这个普遍存在的假设的含义。帮助学生更好地理解社会机构之间的复杂关系及其多样的机构逻辑是一种重要的解毒剂,它可以使学生不加思考地将商业原则应用于一些不能通过那些原则的大规模扩展而很好解决的问题上。

为什么创业会受到冷遇

我们与企业教师和管理人员的谈话中涉及了一些相对忽视商业创业和公益创业的原因。尽管学生对新的商业发展有着浓厚的兴趣,但许多商科教育工作者认为,新近毕业的学生没有足够的经验成为成功的企业家,他们希望阻止不切实际和冒险的抱负。这一信念可能有助于解释对毕业生的创业的重视程度高于本科商科教育。

此外,我们采访的一些教职工和管理人员解释说,创业之所以不被重视,是因为它不是一门公认的商科学科。这意味着终身制教职工教授创业课程可能在其专业领域之外开展,或者(更常见的情况是)这些课程不是由学者教授,而是由具有非常成功经验的企业家教授。无论是哪种情况,创业与公认的学科或理论体系之间相对薄弱的联系都会削弱该领域在学术层次中的地位。与文理科学科一样,学院的价值观——包括抽象概念、严谨的分析和对理论的关注——在我们调查过的每一个专业准备领域都很强大,包括法律、医学、工程、神学、学校教学和护理。在所有这些方面,声望和合法性与该领域本质上被理解为学术性的程度密切相关。

人们普遍认为创业不是一个严肃的学术领域,这也反映在出版模式中。例如,布森尼茨、韦斯特、谢泼德、纳尔逊、钱德勒和扎哈拉基斯(2003)发现,在主要管理期刊上发表的文章中,只有2%的文章关注创业,其中只有一小部分涉及创业理论。此外,关于创业的文章更倾向于引用主要的管理期刊,而不是引用创业的期刊。然而,这种情况开始发生变化,布森尼茨的分析指出,一些专门从事创业研究和理论的期刊,如《创业学》期刊,越来越引人注目。在这一点上,创业似乎是一门新兴的学科,但要达到核心商科学科受重视的程度,还有很长的路要走。

当前教授商业创业和公益创业的方法

这并不是说创业是完全被忽视的,即使是在非专门从事这一领域的学校。我们所有的实地考察学校都提供至少两门关于创业的课程,尽管几乎总是作为选修课,这与国家数据一致。在对美国创业教育项目的回顾中,卡茨(2006)指出,大多数项目包括两个核心课程。一个是创业介绍,通常涉及将核心业务规则应用于小型或新企业。第二个重点是商业计划的制定,会以竞赛的形式展开,由外部人员评判。

我们所看到的一些创业课程以采用角色扮演教学法而闻名(见第六章)。我们已经介绍了"管理和创业基础",这是百森商学院标志性的一年级课程,百森商学院是一所国际知名的创业教育机构。事实上,FME 的学生在他们大一的时候就开始了新的业务，在这个过程中，他们学习了很多关于业务的功能领域及其相互联系的性质的知识。

百森商学院还开设了一门更高级的课程，叫作"创业和新企业"，学生们设计了一个新的企业，并为它制定了一个商业计划，尽管他们没有实施这个计划。在此过程中，他们对拟议中的风险投资领域进行了研究：竞争、涉及的技术、市场环境以及其他可能影响风险投资成功的问题。学生们以小组的形式进行这项研究，每个小组在模拟新企业发展的早期阶段扮演不同的角色。

在我们对本课程的访问中，我们旁听了学生们的期中报告，学生小组展示了他们对在某一点上确定的机会的强度、潜在风险、下一步以及需要进一步审查的因素的评估。教师敦促团队密切关注风险："不要把风险掩盖起来。"当学生做演讲时，其他的班级成员扮演潜在的投资者的角色，迫切地想找出他们需要知道的信息，以评估所展示的机会。在这个过程中，教师将他们提出的问题与战略、组织结构、竞争对手分析、知识产权和技术问题、实施问题等的解释联系起来。

虽然我们的实地考察没有发现为公益创业做直接准备的课程，但我们确实看到了一些课程，在这些课程中，学生们学习如何将商业原则和技能应用于社会问题，如贫困和环境可持续性。这些努力与商业创业的努力类似，包括学生为新的社会企业制定商业计划的课程，以及将基本商业原则应用于非营利组织的课程。其中一些课程通过让学生在服务不足的社区或具有特定社会使命的组织中进行服务学习，进而参与社区组织，教授他们如何将商业实践应用于社会问题或非营利组织。例如，在波特兰州立大学的高级"非营利组织营销"课程中，学生们与社区合作伙伴理想主义者网站（Idealist. org）合作，制定营销计划，以提高组织实现目标的能力（理想主义者网站是一个基于网络的组织，它将为社会变革工作的非营利组织与在该领域寻求工作或志愿者机会的个人结合在一起）。

通过这些教学法来学习商业创业和公益创业的课程是重要的学习机会，即使对于计划在企业环境中工作的学生也是如此。它们提供应用核心业务学科知识的实践经验，并在此过程中帮助学生在实践中体验该知识的综合性质。它们还帮助学生学会在团队中有效地合作。然而，仅仅基于这些课程，很难看到创业思维如何在整个课程中高效地穿插，因为全球化的准备工作已经开始。这种方法也不会太关注企业效率的不太实际的方面，尤其是创新或创造力。

对创新的更加重视不仅会加强那些希望从事新企业或商业创业的学生的准备工作，而且有助于使创业在整个本科课程中更为普遍。然而，在这一点上，正如我们所观察到的，创业教育并没有充分认识和利用更大的主题，例如创新和创造性思维，对未来方向的新鲜但有根据的愿景的发展，以及对不断变化的环境的响应。同样，更加充分地认识到公益创业反映并与更广泛的社会影响主题、多个利益相关者的观点的考虑以及可持续性的各个方面联系在一起，可以为将这些公益创业的重要基础融入更广泛的课程中铺平道路。

作为博雅教育的创业思维

无论是创办新企业还是振兴现有企业，创业都被广泛认为涉及多个阶段,从机会识别和评估开始,到早期实施,再到进一步发展,通常是在竞争激烈的环境中。尤其是在创业初期,成功的企业家必须看到其他人没看到的潜在机会,他们必须不断评估和适应不断变化的创业环境。由于这种环境包括企业内部不断变化的势态以及外部力量的变化,企业家面临着相当大的信息过载和模糊性,在面临巨大的不确定性时,必须经常做出相应的决定。为了在这种情况下有效地运行,他们必须能够从复杂的背景中提取关键变量。

为了了解面对这些挑战需要什么,最近的研究集中在创业的认知维度上,研究那些特别擅长识别和应对机遇的人是否与其他人有不同的想法。这项研究的一个有影响的部分集中在心理模型或认知模式上,这些模型或认知模式代表了一个人关于世界及其各个领域如何运作的知识和信念,例如,一个成功的企业家对推动市场环境的多个关键因素以及这些因素之间的关系动态的把握(加利奥和卡茨,2001;韦斯特,2007)。

许多领域的专业知识研究发展良好,这表明构成专家绩效基础的认知模式比新手更为丰富、更具组织性和更完全地与相关领域的模式相互关联。将这一认知专业知识框架引入创业的研究和理论,与之前关于这一主题的研究形成对比,后者倾向于关注被认为是成功企业家特征的相对固定的人格特征。

最值得注意的是,在这本书中,加利奥和卡茨(2001)指出了"警惕型"企业家的一些关键特征,这些特征与博雅教育的维度产生了强烈的共鸣。在他们看来,警觉的个体会进入他们更专业的框架模式,因为当他们注意到明显的异常情况时,他们的思维模式无法解释,便会寻求了解到底发生了什么,而不是继续依赖无法解释新信息的现有模式。相比之下,不警觉的人可能会注意到不一致的信息或变化的信号,但仍然根深蒂固地存在于当前的模式中。因此,认知现状得以维持。警觉的个体发展出更高协调度的心理模型,使他们能够意识到别人看不到的模式。正如加利奥和卡茨所说:"提醒人们,要牢记并将学生的座右铭融入他们的模式中去:'还有三种来思考这个问题的方法是什么?'"(第101页)随着时间的推移,持续进行更加灵活和创造性的思考的习惯有助于市场环境的更加丰富、连贯,这其中包含历史、社会政治和文化现象。这种创业或创新的专业知识的概念指出,除了核心业务领域和技术技能之外,还需要接受教育,这突出了文理学科所承载的那种背景知识的重要性。因此,举例来说,丰富的背景理解可能会促使企业家注意到人口变化等相关趋势,并使他们更加思考人口模式与其他社会和技术变化的关系。这种思考可能是彼得·德鲁克(1985)提出创业管理本质上是一门自由主义艺术时的想法,他借鉴了历史、社会学、心理学、哲学、文化和宗教的经验。

此外,创业思维似乎受益于我们所称的多重框架和分析性思维的智力能力和倾向。也就是说,警觉的个体不会将他们的认知模式作为客观现实的字面表述,而是作为基于工作假设的概念模型,这些工作假设可以进行调整或修订,以便更好地了解不适合当前模式的经验。

对立思维:整合思维

我们已经讨论了罗杰·马丁的工作。他对成功的商业领袖的研究(2007)与加利奥和卡茨对企业家机敏性的描述产生了共鸣。"我所研究的领袖除了具有创新和长期商业成功的才能外,至少有一个共同点。"马丁写道,"他们有倾向、有能力在头脑中持有两种截然相反的观点。然后,在不惊慌失措或不为一种或另一种选择而妥协的情况下,他们能够产生优于任何一种对立想法的综合想法。"(第6页)按照加利奥和卡茨的说法,他们开发了一种新的、更复杂的、更全面的心理模型。对马丁来说,实现这种综合的能力构成了"综合性思维",他认为这是"卓越企业和管理者的标志"(第6页)。马丁认为,综合性思维揭示了一种"对立的思维",能够在建设性的张力中持有两种相互冲突的思想,并利用这种张力来创造一种新的、优越的思想,正如人类用两只手的对立手指使他们能够执行困难的手工任务一样(第7页)。

马丁对综合性思维的描述包含了一些同样的品质,这些品质是最好的创业思维的特征,而且,并非巧合的是,它们是我们在这本书中提倡的博雅教育的特征。那些具有"对立思想"的人习惯性地将概念模型与他们要表现的现实区分开来。马丁认为,这种能力对于帮助他们找到明显不可通约的创造性解决方案至关重要。此外,与那些具有创业警觉性的人一样,马丁的综合性思维支持者对与重要决策相关的因素有着广泛的看法。他们"接受困境",意识到最好的答案往往来自复杂性(第41页)。他们擅长观察模式、联系和因果关系,在处理各个部分时牢记整个问题。他们发现的因果关系可能是多向的和非线性的。传统的思想家更倾向于简化问题,以减少不确定性和信息过载。因此,他们可能会在事后意识到,他们自己未能识别出重要信息。

团队思考

对机会的认识(或创造)是创业的一个关键阶段,创业警觉性的概念直接解决了这一问题。但是,企业的建立和发展需要复杂的、创造性的或综合的思维。企业家和其他商业领袖必须在快速变化的、通常是高度竞争的环境中实施他们的想法,他们必须制定并实施有效的企业维护和发展战略。因此,驱动战略决策的认知框架或心理模型与使重新认识机会成为可能的认知框架或心理模型同样重要。它们直接关注新的信息和新兴趋势,从类似的过去事件和条件中汲取经验教训,对问题和机遇进行框架解释,并作为预测其他行动方案的基础,同时也作为判断如何最好地分配资源的依据(韦斯特,2007)。

这些都是深层次的智力能力,反映了来自广泛领域的显性和隐性知识,而不是机械或技术技能。如果它们看起来是直觉而不是理智的,那仅仅是因为专业知识最终变成了自动的,给人一种直觉的印象。事实上,它是从深刻的经验和理解中显现出来的。这种关于有效创业和企业领导的基础的认知概念,在如何教育创新和创业方面,提供了一种与普遍认为的"成功的企业家是天生的而不是后天培养的"的观点截然不同的观点,这种观点我们几乎从所有的商业人士和许多电子商务人士那里听到过。

事实上,企业的创始人和领导者几乎总是呈现为团队的形式而不是单个的个体,这为不断发展的(尽管通常是隐含的)心智模型指导战略决策的方式增加了一层复杂性。创始团队或高级管理团队需要从其最初的多样性角度构建共享的解释框架。这意味着成功不仅需要新的和洞察的思维,或者用马丁的话来说,需要综合性思维,还需要共同创造愿景、解释和判断。团队必须达成共识,了解它的目标是什么,核心、威胁和机遇是什么,以及如何解决维持最初方向的焦点与动力和适应变化的环境之间不可避免的紧张关系。

韦斯特(2007)将这种共享意义的制定称为"群体认知"。团队中的理念和知识多样性有助于其获取和充分利用资源的能力,但可能使其更难实现一个统一的观点。这样做需要团队领导和成员理解每个人带来的不同看法、开始的假设和解释;在创建一个共享的工作模型以指导决策时考虑到来自不同观点的最佳想法;从多个观点转向一个统一的集体认知,这个认知比任何一个人的初始视角都要强大。所有这些都不是一件容易的事情,只有当团队成员能够熟练地识别他人表达的好想法的核心并在其基础上进行有效的构建时,这个过程才会成功。这需要认真的倾听、开放的思想、良好的判断力、智力和创造力——学生们能够在良好的人文学科研讨会上、在本科商科教育中如此普遍的团队项目中,甚至在深夜的谈话中,培养他们如博雅教育倡导者所说的"大问题"的解决能力。

以团队为基础的创新过程

韦斯特(2007)基于团队的创新研究与硅谷的一些高知名度公司的方法是一致的,硅谷是卡内基教学促进基金会所在地。在他的书《创新的十个方面》(凯利和利特曼,2005)中,汤姆·凯利,著名设计公司 IDEO 的共同创始人之一,该公司总部设在帕洛阿尔托,他用类似于加利奥和卡茨对创业警觉性的描述以及罗杰·马丁的综合性思维概念来描述创新(值得注意的是,IDEO 首席执行官蒂姆·布朗是马丁公司的模范商业领袖之一,而《对立的思维》则利用 IDEO 的工作来说明综合性思维的价值)。凯利说,创新设计的过程包括开放的思维、睿智的谦逊、敏捷和灵活,以及一种质疑自己的世界观的倾向和"每天对新的见解敞开心扉"(第19页)。凯利引用阿尔伯特·冯·塞特-乔伊的观点来描述思维的新鲜和创造性,即"看到别人看到的东西,思考别人没有想到的东西"(第19页)。创造性思维部分来自好奇心和探索性思维,也就是说,从某种(至少是含蓄的)方面认识到,一个人的习惯性思维框架只是众多思维框架中的一个,这是一个将思维从传统范畴和假设中解放出来的方向。

凯利将设计或创新的过程设想为一个群体,而不是个人的努力,并描述了当创新设计工作顺利进行时,群体成员所扮演的许多有价值的角色。例如,"人类学家"通过观察人类行为,深入了解人们如何在身体和情感上与产品、服务和空间互动,从而为组织带来新的学习和见解(第9页)。成功的人类学家(不一定在这一领域受过训练)通过对人们的观察带来了新的视角,并依靠一种同样的心理、理解和对细微差别的密切关注,消除了先入为主的观念。但是,即使没有他们的意识,最具洞察力和创造性的观察者的直觉也建立在丰富的知识和经验中,以及他们解释和组织他们所看到的事物的概念方案中。

凯利解释说,根据他们对产品或服务潜在用户的洞察,扮演人类学家角色的团队成员通常能够以激发突破性解决方案的方式重新定义中心任务或问题。例如,在波兰一家软饮料公司工作的一个团队正在寻找增加火车站销售额的方法。当他们观察到华沙一个繁忙的火车站时,他们注意到旅客们常常紧张地瞥一眼软饮料陈列品,然后是手表,之后又是陈列品。这些乘客似乎想买一杯软饮料,但担心错过火车。当人类学家建立了一个销售软饮料的售货亭,其中还悬挂一个大时钟时,销售额猛增。

另一个重要的群体成员是"异花授粉者",其工作是探索其他文化、领域和行业,并将这些探索的见解带回本土企业。异花授粉者的角色包括"通过看似无关的想法意外地创造新事物"(第68页)。除此之外,异花授粉者知道如何用隐喻来思考,这使他们能够了解从一个领域获得的见解如何与一个非常不同的领域相关。通过这种方式,他们能够看到其他人错过的联系和模式。

凯利和他的同事们从多年的创新设计经验中总结出的这些和其他"创新面孔",强调了我们的论点,即商业创新是由博雅教育培育出来的:丰富多样的知识基础、反思性的思维习惯和以智力上的敏捷为特征的探险家心态。这与加利奥和卡茨提出的观点是一致的,他们认为丰富、成熟的模式之间的紧密联系能够提醒个体看到别人看不到的机会。这是创新的本质,也是有效实施的基础。

在罗杰·马丁早先阐述综合性思维的基础上,他在 2009 年出版的《商业设计》一书中更全面地阐述了设计思维在商业成功和组织价值创造中的关键作用。他认为"未来几年最成功的企业,将在动态互动中平衡分析能力和直觉独创性",即"设计思维"(第 6 页)。《商业设计》承认分析性思维在不断重新设计商业的任务中所起的重要作用,但也指出这种思维方式的局限性,这表明创造性的洞察力也是必要的。在我们看来,这意味着商科教育需要超越技术技能和分析方面的培训,包括多重框架思维和反思探索思维。

社会影响

毫无疑问,创新对于经济的蓬勃发展和人类应对巨大挑战的能力同样重要。但是,尽管技术和社会创新对人们的生活质量有着显著的影响,但这些影响并不都是有益的。创新的影响常常好坏参半,充满不确定性。IDEO 的首席执行官兼联合创始人蒂姆·布朗在他的《设计改变一切》(2009)一书中写道,纯粹的技术官僚式创新观,现在比以往任何时候都不可持续。世界需要新的产品和方法来平衡个人和整个社会的利益。它需要新的战略,以产生重要的差异,并使每个受这些战略影响的人都有一种使命感。它需要以人为中心而不是以技术为中心的世界观来指导创新。

我们在这本书中一直认为,本科商科教育需要以商业的基本社会目的、创造包容性和可持续繁荣为导向。同样,如果创新是为了帮助解决而不是加剧世界上的紧迫问题,那么创新者必须思考并对他们的创造可能产生的影响承担一些责任。

工程领域已经开始认真对待这一挑战,因此,工程教育可以为商科教育者提供如何让学生准备好思考并对他们的工作成果负责的线索。在我们对工程教育的研究中,我们发现一些核心价值观,包括公共安全和环境可持续性,贯穿于工程科学和实验室课程以及设计课程中。在许多大学,工程设计课程包括伦理学和社会影响模块,要求学生谈论他们设计的产品可能产生的对环境和人类的影响。正如我们在一本讲工程教育的书中提到的那样,一个在学习这门课的学生告诉我们,"工程师是一个利用数学和科学来设计和制造人们会购买和使用的东西来扰乱世界的人;一旦你扰乱了世界,你就要对你所造成的混乱负责"(谢泼德、马卡坦盖、沙利文和科尔比,2009,第 9 页)。

企业家品格的形成

我们在这本书和其他地方强调，全面的本科教育必须传达知识和技能，也必须培养品格（科尔比、欧利希、博蒙特和斯蒂芬斯，2003）。显然，这在创新和创业教育中是正确的。认知技能和专业知识对这类工作至关重要，但管理高风险工作使其长期发展还需要毅力、耐力、勤奋、承诺、现实乐观主义和方向感或目标感。事实上，即使发展认知维度，成功所需的微调思维和创造力也需要这些个人品质。围绕这些特质的性格形成过程是博雅教育和创业准备之间的另一个重要环节，包括商业创业和公益创业。

对非凡毅力、决心和承诺的来源的研究表明了为什么博雅教育如此适合成功创业。这项研究指出了成功的企业家和创意人士在许多领域所共有的三个品质：强烈的目标感、内在动力或对活动本身的热爱，以及追求卓越的动力。汤姆·凯利和罗杰·马丁对成功创新过程的思考包括观察到许多重要的创新，例如Linux操作系统，都是由目标和热情驱动的，这是必不可少的激励因素。这一观察与创新研究是一致的。对特别有创造力的人的案例研究表明，有创造力的人对他们的努力有着深刻的目标感和强烈的情感联系（格鲁伯，1981）。

在《对立的思维》中，马丁将这种目的感称为"立场"的一个方面，即你如何看待你周围的世界，以及在那个世界里你如何看待你自己。整合型思想者不断地被驱动，以提高他们对公司面临的环境和问题的理解，不断地发展出对这些问题更微妙和准确的概念。他们不满足于能力，而是总是努力提高自己的专业知识和组织能力。他们的动机植根于他们的立场、对世界的理解以及他们在世界中的位置。

探索不断深化的专业知识发展的心理学研究支持马丁的解释。最值得注意的是,贝赖特和斯卡德玛利亚(1993)的研究已经表明,这需要对工作的好奇心和内在的兴趣,以及对其目标的深刻承诺,以推动人们走向更卓越的境界。贝赖特和斯卡德玛利亚的研究结果中有一个不那么令人鼓舞的发现:大多数人在这个意义上未能成为真正的专家,从而使自己在日常能力水平上趋于平稳。

这些和其他对那些不断追求更好东西的人的研究强调了目标感、社会贡献和马丁的立场观念所扮演的强大角色。在我们看来,这表明反思探索思维对于建立一种强有力的激励性方向感的重要性,这种方向感通过它所产生的性格特征,如面对挑战时的坚持和韧性,进而有助于创业的成功和其他类型的成就。

特雷莎·阿马比尔和米哈里·契克森米哈赖研究工作的丝丝瓜葛集中于相关问题的重要性:内在动机的重要性。正如霍华德·加德纳在他对这项研究和其他关于创造力研究的综合分析中指出的那样,当人们为了纯粹的享受而从事一项活动时,比他们受到外部奖励的驱使时,更可能出现对问题的更精确的解决办法(加德纳,1993)。例如,阿马比尔对具有高度创造力的人的案例研究表明,这些人"从最早的时候开始就倾向于成为探险家、创新者、修补工,甚至在学习这一领域的早期阶段也一直在做实验"(加德纳,1993,第32页)。汤姆·凯利还强调了许多参与创新的活动的内在价值。例如,凯利称之为"组织角色"的团队成员,即那些掌握了组织向前发展流程的人,不会将诸如预算编制之类的管理任务视为繁文缛节。相反,"他们承认这是一个复杂的国际象棋游戏,他们玩游戏就是为了赢"(凯利和利特曼,2005,第9页)。

成功企业家的另一个特点是大卫·麦克莱兰(1976)所说的成就动机。麦克莱兰将成就动机与金钱或权力等外在奖励的欲望区分开来,这种动机包括追求卓越的内在奖励。研究证据表明,企业家比其他人群对成就的需求更高,企业家对成就的需求与企业的成功正相关(科林斯、汉格斯和洛克,2004;劳赫和弗里斯,2007)。成就动机高的个人更多地把经济奖励看作能力的指标,而不是目的本身。

教育意义

所有这些个人特征都指向与高质量的博雅教育相关的价值观和结果:对思想和学习本身的内在迷恋,为自身的利益追求卓越的愿望,对复杂和具有挑战性的思想、系统和任务的探索性取向,以及强烈的社会和个人发展意识。当然,这些品质也可以出现在专业研究中,但狭隘的工具性教育或主要由预期以外的回报(如工资)驱动的教育,很可能会削弱培养创新的品质。

正如我们在这里所概述的,关于创业心理学的当代研究也吸引了人们对认知维度的重要性的关注,例如高度组织但不断进化的心理模型。一段时间以来,人们已经清楚地认识到,成功的企业家的特征不仅有高风险承受能力,还有规避和管理风险的能力。这些能力中的一些是小聪明,但有时却代表了某一个领域的专家的知识和理解,如此巧妙地协调,如此深刻地把握,最后变成了直觉。我们还概述了一种创新方法,这种方法非常注重洞察力的价值以及思想和想象力的质量。我们提供了支持创新和成功创业的认知和个人因素的图片,作为创新和创业成功教育的指南。我们相信,这种关于教育目标和结果的思考方式,可以用于促进将这些关注点更广泛地灌输到本科商科教育中——事实上贯穿本科教育,无论是什么专业。

从成功创业和创新的研究文献中可以明显看出,教授基本的商科学科是必要的,但还不够。同样,学生制定商业计划的课程可以培养创新思维,加深学生在广泛的商业环境中的地位,但单独而言,这些课程并不能确保为创新型企业领袖或新企业或社会企业创始人做好充分的准备。

相反,课程作业需要激发人们对各种主题和现象的兴趣,包括许多对商业成功没有直接明显影响的主题和现象。它还应提供反复的经验,在不同领域中玩弄思想、观察联系和相似之处,寻求理解意外事件和理解异常,整合看似不同的思想,并根据需要修改现有的概念和假设,以更好地掌握经验。这种有计划、有结构的实践,具有创新、综合、创业思维,有助于建立一种持久的能力,以有效的方式处理复杂性问题(马丁,2007)。成功的企业家需要广泛而丰富的知识基础、观察模式的能力、探索者的心态、智力的灵活性,以及质疑基本假设的意志力——一个受过良好教育的人的所有特征。

尽管我们的实地考察并没有提供许多详细阐述关于创业、创造性或综合性思维和定向教学方法的式例,但一些课程和项目显然正朝着这个方向发展。例如,在我们观察到的几门创业课程中,对复杂性和强烈的目标意识所起的重要作用的认识得到了反映。在纽约大学的"创业和法律"课程中,理查德·亨德勒教授帮助学生了解创业的法律、政策和组织背景,并在这个过程中阐述商业的社会影响及其与持久的目标感的关系。在我们的课堂访问中，亨德勒让学生思考诸如"投资银行的公共利益是什么"的问题。他的教学大纲以大胆的劝诫结尾："记住在你的生活中寻找并发现激情！"

制定商业计划的标准课程也有可能促进创新思维、对假设的敏感度以及对创业的社会历史背景的深入了解，我们访问的一些课程似乎做到了这一点。例如，百森商学院的"创业和新企业"课程要求学生将他们的想法放在影响他们创业的社会趋势的背景下，考虑知识产权法等更广泛问题的相关性，并注意管理团队中的公平等道德问题。

本特利大学提供了一个名为"复杂问题、创造性解决方案"（CPCS）的项目，该项目代表了一种有趣的教学方法，用于解决创新问题，使该项目对社会和商业创业都有帮助。在经济地理学家文理科副院长的指导下，参加该项目的学生要参与为期两年的围绕一个主要主题组织的课程。我们观察到的主题被称为"消费者选择的非预期后果"，特别关注环境可持续性和技术以及"技术垃圾"。课程的组织旨在提供理解和制定应对这一复杂问题的连贯经验，课程同时满足商科和博雅教育核心要求。学生们将个性化的学习课程整合到项目中，所有这些课程都来自一系列的商科、文理科。

作为CPCS总课程的一部分的课程代表了对创新思维研究所指出的重要成果（如丰富的上下文理解）而努力的教学。例如，美国环境史研究了人类社会与自然世界之间的相互作用，追溯了美国美洲土著人从早期到现在的环境历史。学生们从景观、意识形态和技术的交叉点来研究环境历史，课程旨在帮助他们在不同

八、新议程：全球化与创业

的事件和时间段之间建立联系。

环境化学符合该机构的一般教育科学要求，也适用于复杂问题项目，探索与污染和环境保护问题相关的化学基本原理。其他课程，如"商业的法律和道德环境""哲学问题""人类行为和组织"以及"高级调查式写作"对正在考虑的问题提出了广泛的观点，并提出了创造性的解决方法。课程经验由课外活动进行补充，包括客座讲座、电影放映、社区活动和服务学习项目。

本特利 CPCS 计划以注重社会创新以及更普遍的复杂性和创造性问题解决能力而著称。这种关注可能会增强其支持我们在本章前面描述的重要个人品质形成的能力。同样，目前为公益创业而开展的一些教学工作可能与支持强烈的目标感和其他有助于企业成功的个人品质特别相关。

一些支持宏大的公益创业教育方法的国家正在倡议美国的大学和学院催生项目。其中最发达的是来自由斯科特·舍曼创建的变革行动研究所(TAI)。TAI 帮助校园发展公益创业或社会创新的多学科课程。这些课程已经在普林斯顿、耶鲁、加州大学洛杉矶分校、加州大学伯克利分校、纽约大学、约翰·霍普金斯大学和其他大学教授。它们的长处之一是帮助学生为自己塑造一种目标感，思考伦理问题，如伦理手段和目的之间的一致性，以及了解以往促进社会变革的努力的历史和复杂性。

在这一章中，我们重点讨论了一些我们认为在组织和企业领导人准备应对当前世界所面临的需求时应优先考虑的问题：在一个全球联系的世界中有效运作的能力，对复杂问题提出创造性解决方案的能力，以及发展有助于人类福祉的创新，调动资源，创造经济价值和更广泛的人类价值。

这些问题的解决存在及时性和与之相关的紧迫性。很难想象,一个世界不需要创新的问题解决、创新的设计和有效的资源部署来充分利用机遇。同样,解决多元主义以及不同社会机构之间在时间和地点上的重要互动问题也将是非常重要的。

　　所有这些主题都揭示了狭隘的工具性视角的局限性,这种方法不能建立在更广阔的视角之上,也不能为更广阔的视角做出贡献。所有这些都要求学生在传统的教学模式下,充分利用商科学科以外的扩展知识和经验。我们认为这些重要的学习成果应该贯穿于本科商科课程中。我们深信,为了实现这些目标,商学院学生必须接受博雅教育——使他们能够了解世界及他们在其中的地位。在这本书的最后一章中,我们阐述了推动这一愿景向前发展的建议。

九、前进之路

宾夕法尼亚大学沃顿商学院在《美国新闻与世界报道》(2010)本科商科课程中排名第一。回顾沃顿商学院的历史，我们震惊于这样一个事实：半个多世纪以前，即20世纪五六十年代，沃顿商学院文科与商科的结构性整合比今天要多。在那个时代，经济学、社会学、政治学和区域科学系都是沃顿商学院的一部分，但现在情况已经不同了。正如其校史所描述的那样，社会科学专业的教师与教授核心商科课程的教师之间有着紧密的合作关系，这导致了"经济理论与实践政策之间紧密而充满活力的联系"（萨斯，1982，第287页）。

使这一叙述更加引人注目的是，即使在当时，在似乎令人印象深刻的一体化水平中，仍有一种不充足的感觉。1958年，沃顿商学院委托的一个顾问委员会发现，本科生缺乏博雅教育，缺乏将博雅教育与商科教育结合起来的能力。作者报告说，沃顿商学院社会科学系的位置是该校的优势之一，但这一优势尚未完全体现（顾问委员会，1958）。

他们得出的结论是"传统的沃顿商学院在提供商业培训的同时，还提供博雅教育，这一主张目前尚未实现。此外，经常被引用的综合课程的主张也没有成为可能,因为该课程为期四年,每年让学生同时学习商科和非商科"。学生们被发现"接受了更专业的商业培训,较少从事人文学科的工作,在科学、外语和数学方面的工作微不足道"(25—26页)。为了解决这一问题,顾问委员会提议对课程进行彻底修订,其中包括前三年的综合行为科学、综合科学、综合人文科学和综合社会科学课程,以及综合数量和综合沟通顺序。只有在这种"严格的"课程要求下,正如报告描述的那样,学生才能够学完商业领域的课程,如会计、营销、金融和管理的课程。同时,他们需要将沃顿商学院的学习期延至五年,以取得工商管理或政府管理的本科学位和硕士学位。

读者不会对这些建议未被采纳感到惊讶。相反,20世纪70年代,社会科学从沃顿商学院移入新成立的文理学院。原因显然与关于对本科生有意义的课程判断几乎没有关系,而是根植于教师和新大学校长团结文理科的愿望。正如沃顿历史所记载的那样,"制度上的共识得出的结论是,社会科学现在已经足够自由地进入了学术的核心;它确定,如果不是沃顿商学院的话,将大学的各种社会科学部门联合起来符合大学的最佳利益"(萨斯,1982,第288页)。

这个故事似乎值得作为我们今天商科教育项目建议的背景来复述,因为这个故事清楚地表明,关于整合的建议并不新鲜——它们在该领域的改革历史上反复出现——但也不是强烈的抵制。改变是困难的,需要对可能的替代方案有一个强烈的愿景,需要勇气和坚持,需要资源,需要一种被商业领袖、教师、管理者以及最终的学生广泛理解和接受的强烈的需求感。

九、前进之路

改革的必要性

我们在本书一开始就强调这个问题：本科商科教育应该为学生提供什么？解决这个问题只能通过先回答更基本的问题：大学教育应该提供什么？在回答这个更基本的问题时，我们认为，大学是一个让学生扩展和加深他们的自我意识，以及他们如何与周围世界联系的时期。本科经历是一个过渡的时期，学生不仅应该获得毕业后所需的知识和技能，还应该扩展他们的智力视野，欣赏与自己不同的观点，并最终获得一种他们想要为世界做出什么样的贡献的感觉。

美国高等教育从创立之初就致力于为毕业生提供知识、技能，尤其是培养他们成为积极、有建设性的公民领袖的素质。我们之前在卡内基基金会的大部分工作都集中在学院和大学促进本科公民教育的方式上，而商科专业的学生当然需要这种教育。调查数据显示，事实上，大学生在商业上的学分越多，他们公民参与的可能性就越小(尼和希利格斯，2001)。

除了准备成为一般意义上负责任的公民之外，商科学生还需要成为商科领域的公民领袖。为此，他们需要对商业对社会的影响以及其他社会机构对商业的影响有一个成熟的理解。这种对社会目的和意义的取向是法律和医学等专业领域的标志，这是我们国家福祉以及个人职业和个人实现所急需的。良好的博雅教育与商科准备相结合，有潜力培养出这种专业方向的学生。

为了实现这些目标，商科专业的学生需要认真对待，系统地处理他们教育中的博雅教育方面的问题，并将其与职业准备充分结合起来。的确，尽管我们的研究重点是商科教育，但我们认为，同样重要的是，其他学科的专业，不仅包括工程和护理等职业领域，还包括文理科，获得强大的博雅教育，以使他们能够了解世界和他们在其中的地位，并使他们准备好为他们的时代生活做出贡献。

遗憾的是，许多本科商科课程并没有使强大的博雅教育与商业生涯的准备相结合。这意味着他们的学生错过了发展技能、知识和品格的机会，而这些技能、知识和品格是他们在商业和生活中取得成效所必需的。他们所受的教育太狭隘，不足以支持他们成为创新型商业领袖所需的创造力和灵活性。在许多情况下，它也没有为他们作为公民和有思想、有智力活力的个人的角色做好充分的准备。

对于那些非常专注于职业准备的商科学生来说，博雅教育课程很有可能被视为与他们教育的真正目的无关。这意味着，对他们来说，博雅教育和专业的课程杠铃往往严重倾向于商科教育。这一倾向可能因商科核心科目，如会计和金融学，强调各种形式的分析而更加突出，这些分析虽然要求很高，但给学生带来了有明确的、正确或错误的答案的问题。相比之下，在文理科的许多课程中，特别是人文学科，学生们会遇到且必须处理具有很大模糊性和不确定性的问题。在我们的实地访问中，我们经常听到学生和教师对学生的评论，他们说，文理科专业的学生喜欢处理那些不能给出简单、明确答案的大问题，而商科专业的学生和工程学专业的学生一样，不喜欢模糊性和主观性。因此，专注于涉及重大解释和反思的开放式问题的课程，不太可能受到许多商学院学生的喜爱。这种情况有效地使天平进一步向商业倾斜，远离博

九、前进之路

雅教育。

商科课程往往依赖于一些有影响力的概念模型,这些模型在整个课程中反复出现,很少受到质疑。以一种被认为是理所当然的方式持续使用模型,可以使学生将模型作为世界的文字表示来体验,而不是作为概念工具,这些概念工具基于特定的理论框架,通过这些理论框架来简化和操作比模型能够表示的更复杂的现象。学生们很少面对这些模型所依据的假设,也很少考虑用根本不同的方式来构建所讨论的现象。

更具体地说,在许多核心商科课程中,学生经常会接触到一种主要源自新古典经济学的商业活动模型。这个模型有时被总结为有效市场假说,它提出了一个高度理想化的市场行为概念,在这个概念中,许多追求竞争优势的个体企业被假定——而不是被实证证明——以实现人力和物质资源使用效率的最优状态。当这个简化的概念图被呈现为商业活动的实际背景时,商业企业的模型也必须被表示为分析起来复杂但本质上一维的竞争策略。当涉及这些模型的课堂实践采用个人或团队竞赛时,它们加强了理论的重点。

在没有反驳观点的情况下,学生们可以相信,这样一个无情的、通常是零和的竞争过程不仅是一个假设的模型,而且是对商业中所有重要因素的描述。尽管当被问及时,大多数教师都赞同多方面利益相关者的价值方法(而不是一种完全以股东价值为导向的方法),但这种更具包容性的企业观点在核心学科的日常课堂教学中还远未普及。所有这些都严重削弱了商科学生对商业及其与更大世界的关系的理解。

当然,人文社科课程是这种狭隘观点的潜在解药。但是,由于缺乏整合性,我们采访的商科专业学生很少把他们在这些环境中的经历与他们在商科课程中学到的东西联系起来。有组织地去看看文理学科的见解如何能提供与他们最迫切关注的事情有关的智慧,这种机会非常少。如果博雅教育不是有意地与学生的核心关注点相联系,那么它可能是装饰性的或娱乐性的,也不会对学生产生深远的影响。

对商学院本科生影响深远的是其在学校的全部经历。课程是全部经历的主要因素,但远不是唯一因素。课外活动和校园文化强化了课程信息。受商科学生欢迎的课程活动通常包括俱乐部和组织,如那些会计或金融专业的学生——让他们尽快开始追求他们想要的职业,同时还有案例竞赛、商业计划竞赛、投资竞赛和许多具有竞争性的模拟游戏。从这个意义上说,商科学生所参与的课外活动可能会加强对职业准备的关注,并强化其将竞争作为制度和个人关系的一个决定性特征的想法的倾向。

竞争精神也渗透在各个商学院之间的关系中。这种竞争在很大程度上体现在对学校排名的关注上,尤其是《美国新闻与世界报道》和《商业周刊》的排名。这些排名基于声誉和毕业生就业情况等因素,并没有将博雅教育与商业准备结合起来。因此,它们也加强了该机构对职业准备(狭义)和竞争的关注,并将其作为企业的一个决定性特征。

许多商学院校园文化的其他方面反映了这种围绕职业发展竞争的追求的重点和精力。公司招聘人员的出现,以及近期毕业生在就业市场上的表现持续热议,生动地提醒着人们,大学经历的核心目标是什么。在此过程中,学生们正致力于争取暑期实习机会,并寻求其他途径来巩固和丰富自己的经历。尽管教师和行政领导解释了商科和文科双学位的价值,但学生们认为商科双学位或几个商科辅修课程或专业更有价值。与此同时,更豪华的设施、更高薪水的师资以及对某些资源的独占权,突显出商学院与大学其他学院的分离。

这种与更宽泛的本科经历分离的感觉也得到了强化,因为本科商科和工商管理硕士的课程在主题上是相似的,工商管理硕士学生有时在本科商科课程中担任助教或导师。这对两组学生来说都是一次非常有益的经历。但是,共同的经历和设施,再加上共同的行政监督,让商科本科学生更充分地融入商学院的轨道,远离与文理科专业同学共享的大学经历。

五项建议

针对这些挑战,我们提出了加强本科商科教育的五点建议。大部分同学可以平等地申请其他本科专业课程,但要以商科为主。因为它是最大的本科专业,拥有丰富的人力和资源,为学生准备了具有非凡权力和影响力的职位,商科教育的新方向很可能拥有较高的知名度和地位。因此,新方向的直接受益者将是商学院的学生和教师,但是除此之外,还有巨大的积极影响的潜力。

建议一:一个强有力的博雅教育应该成为每个商科专业的本科经验的一部分。

大学教育的中心目标,无论其专业或集中点是什么,都应该是塑造学生的思想和品格,使他们了解世界和他们在其中的地位,并负责任地参与他们时代的生活。基于这些目的,博雅教育需要学术内容知识和认知技能的几个维度，以及将知识和技能用于解决复杂和模糊的现实问题的能力。

显然，如果学生想要了解这个世界，他们需要来自广泛的文理科的洞察力，也需要来自商业的洞察力。然而，仅仅从各个领域选修课程是不够的。这些材料的教学必须考虑到融合，以学生在个人和公民生活中以及在工作中可以借鉴的方式聚在一起。它还应该以最有可能激发具有吸引力的内容和探索性思维的方式来教授。

我们在整本书中都认为，高质量的博雅教育必须包括三种基本的思维方式，以及跨多个知识领域的参与。分析性思维是文科、理科和商科学科的一个核心目标。有人可能会说，分析性思维是学术领域的一枚硬币，它需要将具体的经验转化为一般的概念和范畴，并使用这些概念和范畴进行逻辑思维思考。多重框架代表了博雅教育的一个方面，它承认看待世界的视角是相互竞争的，甚至是相互冲突的。反思探索思维吸引学习者去关注目标、承诺和价值问题。如果要让学生具备这些智力，所有学科的教育工作者都需要对其给予明确的关注。目前，分析性思维在商科、人文社科领域都受到了极大的关注。这两个领域的课程都将通过更多地注意多重框架和反思探索思维而得到加强。

此外，高等教育必须让学生做好准备，利用他们的知识和智力能力在世界上采取有效和负责任的行动。教育工作者往往认为，如果学生获得了学科内容知识和分析能力，当他们需要在复杂的实践环境中做出决策和判断时，他们就能自动有效地运用所学知识。但是，广义的概念知识不足以指导对特定、独特情况的判断。这就是为什么我们把实践推理作为博雅教育的另一个基本目标。实践推理通常是指在相当大的不确定性和不断变化的动态环境中,在一般概念与特定挑战和责任之间进行必要的来回转换的能力,使利用知识和智力灵活地思考成为可能;查看和评估一系列选项;以知识、理解、分析、诚信为基础,形成良好的判断;在不断变化的动态环境中指导他们的决策和计划的执行。

建议二:将博雅教育纳入商科本科课程。

学生需要学会对复杂问题进行深入和创造性的思考,发展复杂的思维模式,并在他们的商科以及文理科课程中探索个人意义的问题,从而使他们的大学经历形成一个更加连贯的整体。而且,将博雅教育纳入商科课程可以使学生更容易看到这种学习与他们的工作的相关性,并能够在职业发展中有效地利用它。对成功的商业领袖的研究表明,他们的思维模式不仅涉及分析性思维,还涉及一些更像多重框架的东西,以及通过我们称之为反思探索思维的过程而形成的目标感。这些领导人充分认识到,对复杂的现象要用不同的方法来理解,他们找到了综合各种概念框架优势的方法。

将博雅教育的精神融入商科学习也有助于改变学生受教育的方式。我们已经报告过,至少在学生眼中,文理科的学习应该具有一种品质,思想的发现和探索,在这种品质中除了具有实际价值外,还具有内在的吸引力。对于商科学生来说,关注的重点更为重要:教我需要知道什么,以及如何在职业生涯中取得成功。尽管这两种态度似乎有所不同,但我们已经看到,有效的课程可以将它们结合在一起,从而使许多学生受益匪浅。

创新设计和创造力的研究更普遍地表明,一个探索性的、有趣的、内在的取向是任何领域创造性过程的基础。考虑到对企业的创造性思维所需的理解,在研究和工作中尝试给商科学生提供更多的探索性和智力上生动的立场是有意义的。这意味着要将博雅教育的学习方式更全面、更直观地纳入商科专业学生参与的课程和体验中。

建议三:商科、文理科课程应该以帮助学生建立联系的方式联系在一起。

我们用双螺旋的比喻来表示正在进行的、结构化的课程整合的可能性。我们第一次遇到双螺旋比喻时,圣塔克拉拉大学的教职工和管理人员向我们解释了他们当时正在制定的核心本科课程的目标——一组精心设计、相互联系的课程,以整合博雅教育和包括商业以及其他专业在内的课程,专注于跨越传统学科的主题。

当然,有些学生可能会发现自己在不同的课程和经验之间的联系,无论是出于综合冲动还是纯粹出于偶然。但这还不够好。为整合建立有目的的结构的校园——通过链接或集群课程、特殊整合项目、巅峰课程、投资组合或其他方法——极大地提高了所有学生获得双螺旋体验的机会。博雅教育和商科的结合太重要了,不能仅仅靠碰运气。

我们遇到了许多实现这一目标的方法。一些项目本身就位于文科、理科和商科教育的交叉点。其他项目则在商科课程中具有必要或可选的轨迹,直接将博雅教育和商科联系起来。还有一些项目创建了综合的、以主题为中心的(新创建或现有的)课程群。在这些课程结构之内和之外,采用综合方法的课程为许多必修和选修课程带来了广泛的内容、视角和创新的教学方法。如果所有这些方法都是以商科和博雅教育相结合为中心目标设计的,那么它们都是有效的。

建议四:学校应该将博雅教育和商科教育结合起来。

我们所描述的那种宏大的一体化项目需要机构许可、领导能力、长期监测和持续发展。在这些项目中,行政领导和教职工合作,为学生形成一套相辅相成的课程,提供完整的教育体验,而不仅仅是独立的部分。这需要制度上的意向性。

制度意向性是一个看似简单的概念,但在高等教育中却难以实现。持续整合博雅教育和商科教育是学习的关键(科尔比等,2003;科尔比、博蒙特、欧利希和康戈尔德,2007)。机构范围内的观点有助于确保多种强化的干预措施,这些干预措施的设计要考虑到一套明确的学习目标,并通过与这些目标完全一致的教育方案加以实施(威金斯和麦克泰格,2005)。

本着这种精神,重要的是要记住,课程并不代表整个本科生的经验。博雅教育与商科学习的整合不仅包括课程,还包括课外活动和校园氛围。所有这些都是相互关联和相辅相成的,影响也会更大。各机构应致力于创造一种强大和连贯的文化,吸引来自所有部门的学生围绕鼓舞人心的主题聚集在一起,并强调为更大的利益做出贡献的多种方式。

最后,制度意向性要求教育领导者了解实际实现综合目标的程度:系统地收集、分析和根据证据采取行动,说明什么是有效的,什么是不起作用的。正如读者所知,目前国家对问责制评估的重视有很多外部支持者,但评估数据和审议的重要性也是一个内在的必要条件,是学生在许多商科课程中学习的关键,也是不断改进过程的关键。旨在将博雅教育与商科教育相结合的项目必须将这一目标纳入项目评估工作中。

建议五:商科教育者对文理科的教学有很大的贡献。

尤其是如果商业项目能够克服单纯智力的教育和实际有用的教育之间的错误二分法,它们可以帮助文理科朝着同样的理想迈进:大学教育是一种在智力上令人兴奋的准备过程,为渴望实现美好的生活做好准备,同时具有对学习持久的热情和热爱。商科教育在专业教育方面尤为重要。

商科教育在这一等式的实践方面尤其强大,能够分享高度发达的教学策略,以教授实践推理,并通过模拟和其他形式的主动学习使抽象概念成为现实。商科教育在认真和有效地为全球互联世界中的生活做准备的方面也非常强大。

我们说过,商科学生必须认识到商业部门是众多社会机构中的一个,必须认识到在这样一股影响人类福祉的强大力量中获得影响力所需要承担的责任。同样,其他专业的本科生也可以通过更好地了解商业的本质及其在社会中的重要作用而受益良多。今天,所有的学生都生活在一个在很大程度上由商业部门塑造和引导的世界,大多数学生对这意味着什么几乎没有什么概念。因此,我们建议各高校考虑为所有本科生开设课程,帮助他们了解商业、其组织和运作方式以及其在社会中的作用和责任。我们不建议采用单一的方法来实施这一建议。一些高校在文理科领域开设商科课程,但当然还有许多其他方法来实现这一目标。

前进之路：行动议程

这些建议涉及面很广。为之努力是一项重要的承诺，也是一个长期的过程，要听取不同的意见。当地的环境和文化可以在这个过程中发挥催化作用，但也会产生混淆作用。这可能需要进行艰难的对话，在各个层面都必须有领导力。具体而言，最有效的方法是什么，以及哪些任务和主题将有助于建立共识和激发动力？在最后一节中，我们提出了六个行动项目，我们认为这些项目有助于校园向本书中提出的综合愿景迈进。虽然第一个步骤在某种意义上是一个包罗万象的项目，目的是为其他步骤创造条件，但它们并不是连续的。

召集利益相关者群体进行评估。

本书以来自项目和校园的鼓舞人心的例子为特色，这些项目和校园致力于将博雅教育和商科教育结合在一起，以为学生带来改变。当然，那些项目并不是凭空实现的。我们提倡的变革最好从谈话开始，收集证据，并对谁在本科商科教育中有利害关系进行批判性思考。因此，第一步是召集适当的利益相关者，并建立一个程序来评估实施当前项目的能力，为商科本科生的工作和生活做准备。

这个讨论过程可以在商科课程中与教师和管理人员一起小规模地开始，随着时间的推移，应邀请其他人参加，包括选定的文理科教职工、当地商业领袖（或可能是外部顾问委员会成员）和学生。

什么是激发建设性对话的最佳方式？我们建议尽可能早地找到证据，大部分最好的、最相关的证据已经存在：课程大纲、案例研究、学生任务或论文、期末考试（如有可能，还包括学生回答问题），以及教职工和学生在日常工作中已经做的其他工作。回顾不同的情景中（而不是作为离散的课堂产品），这些证据可以披露关于项目的实际目标、方法和结果的大量信息，为讨论是否和如何反映综合目标开辟了道路。此外，小组可能会决定是否需要更多的信息和观点，在这种情况下，可以设计和进行简单的调查，是获取更多关于学生观点的信息，还是更广泛地阐述教师的观点。我们自己的校园访问经验也表明了一对一采访和焦点小组的力量。

　　收集和分析证据时应考虑哪些问题？这个问题没有准确的答案。读者不会感到惊讶的是，我们建议这本书作为一个问题的来源。我们所提出的商科教育的叙述是否与当地的实际情况相吻合？就为商科学生提供强有力的博雅教育的能力而言，该项目的立足点如何？优势在哪里？是否有弱点？是否有特殊情况？其他问题如下：

- 我们的本科商科课程与工商管理硕士有何不同？本科课程是否针对大学生的特殊需求量身定制？
- 我们的项目有什么历史？我们如何到达今天的位置？
- 学生通过正式和非正式渠道了解本科培训的重要信息有哪些？
- 由于我们特定的历史、传统和文化，我们为整合学习的概念带来了什么特殊的角度或视角？

　　我们在这里设想的过程与下面提出的步骤并不分离。我们在第一个行动项目中的意图是指出需要更大的参与和审议的背景,在这种背景下,随着时间的推移采取特定的步骤。

检视和调整课程以支持商科生的博雅教育目标。

尽管课程不是双螺旋整合(或充分整合)的唯一途径,但它无疑是它最重要的载体。课程的学习需要学生们发送信号,做出标记。但我们也意识到,课程改革是一项艰巨的任务,在时间、金钱方面以至同事之间和平共处都要付出昂贵的代价。如何继续?

对于初学者,有关课程的问题应该是之前推荐的过程的一部分。需要提出的问题很重要:学生学习的目标是什么?如何才能最好地满足他们?教什么?教给谁?谁来教?按什么顺序?而且,非常重要的是,我们如何知道我们的目标是否得到实现?我们应该使用哪些流程来评估我们为学生提供的教育的质量和有效性?

我们提出了一个简单的策略具体解决这些问题,这在我们的校园实地考察中很有用:当我们与教师谈论他们的课程、检视他们的大纲和观摩课程时,我们的观察是由一个模板指导的,询问存在的分析性思维教学、多框架思维教学、多学科教学、反思探索思维教学、实践推理教学,以及文理科与商科学科的内容及观点是否包括在课程中。我们的目标应该是建立一个课程,这个课程拥有博雅教育的所有特点,在这个课程中应当包含所有的本科生,包括那些主修商科的本科生。

同时,认识到课程改革不一定是一项全做或不做的事情可能也是有益的。本书中的一些课程是校园广泛而全面的课程改革的产物。当然,等待课程审查是没有必要的,但在这些努力的基础上再接再厉的机会提供了更多的动力,而且往往会频繁出现。在没有对课程进行重大调整的情况下,将现有课程中的已有的课程注入各种博雅教育的模式中是有益的。

此外,课程作业可以提出有关学生在课堂之外做什么的有用问题;课程不存在于真空中。因此,重要的是要考虑课程作业的制度环境以及课外经验对学生发展的贡献。朝这个方向迈出的第一步可能是审核本科商学院学生参加的活动。

提供机会和资源,支持他们努力将博雅教育和商科教育结合起来。

课程重组,尤其是那些创建新的混合课程和新的整合后的课程,提出了这样一个问题:谁将在这些课程中任教,在哪里找到这种学习所需的教学专业知识。现有课程的丰富性也提出了这个问题。鉴于教师的学科重点和专业化,以及他们对时间的许多要求,项目整合很难满足这一挑战。因此,与新课程或丰富课程直接相关的教师发展计划是课程成功的基本要素。这些举措有助于终身制教师与新方法联系起来,也有助于为许多非终身制教师做好准备,这些教师可能会被聘用为扩展或专门项目的工作人员。

如果教师发展计划将来自文理科和商科的教师聚集在一起,那么他们可以帮助弥合两者之间共同存在的鸿沟,并加强沟通。集中的校园教学中心可以成为促进这种互动的宝贵资源,无论是通过偶尔的午餐讨论,还是有重点的研讨会或更持续的课程和教学改进方案。事实上,近年来,更广泛意义上的综合性学习的概念已在许多校园中站稳脚跟(美国大学协会,2007;休伯和哈钦斯)。

此外，探索校园内已有的教师发展机会以及缺失的内容可能会有所帮助。商科课程通常可以获得资金，例如通过企业基金会，来支持此处所述类型的教育经营项目。正如本章后面所述，与其他校园联合可能会开辟更多的可能性，对当地教育工作取得成效具有重要作用。

如果它们被执行得很好，教师发展计划可能是激发人们对教学更多关注和交流的极有价值的方法。外部专家当然可以为这类项目做出贡献，但同事之间经过深思熟虑、以证据为基础的交谈往往是最有力的方法。

制定一个策略，使商科教育的博雅教育模式成为课程的一个明确的、可见的标志。

博雅教育有着悠久而高尚的传统，但它也是一个难以表达的概念。抽象的情况很多，语言对不同的人来说意味着不同的事物，总会产生误解（例如，使用"博雅主义"一词可能会引起政治观点的混淆）。出于这些原因，本书所传达的商科教育愿景，需要提高意识，需要让人们参与进来，还需要制定一项沟通战略。这是一个教育的机会。

同样，问题可以指导行动：谁需要理解双螺旋信息？系统中还有哪些消息可能会阻止有效的视觉交流？我们需要很多向商科博雅教育传达制度性承诺的机会，这些机会又在哪里？例如，我们会考虑计划营销材料、新生入学指导、课程大纲以及与院长和其他行政领导的沟通。

当然，仅仅说博雅教育能够真正解放生活，或者说它能发展一个更令人满意的职业和促进更充实的生活是不够的。相反，有必要说明激发学生兴趣和想象力的原因和方式。通常情况下,当这些信息来自商业领袖自己时,它们会被最清晰地听到——领袖们用诚实、生动、富有质感的方式叙述他们自己的经历,而不是用陈词滥调。课程、课外活动和校园文化方面的协调努力可以强化这些信息,尤其是当它们也为学生提供不断实践它们的机会的时候。事实上,学生(以及最近毕业的学生)可能是本书思想最有力的拥护者之一,应当寻找方法邀请他们并展示他们的声音。

投资与教育质量和改进相关的研究。

了解组织如何学习和改变是商业领域的核心,这种专业知识可以有效地转化为商业本身的发展计划。随着新方法的尝试,新的课程、新的课堂方法和类似的项目的开展,可以将创新与评估、跟踪和记录影响结合起来,以供同事回顾和借鉴。借用这个领域的一句话,商业项目在教育改进方面应该是学习型组织。

好消息是,在今天的许多领域,教师(个人和集体)都将他们收集和分析证据的学术习惯应用于学生的学习。在这方面,工程学和医学都是引人注目的。更广泛地说,一些人所说的教与学的学术性是将各学科内的教师聚集在一起,分享他们所学的关于实现学生目标的最佳方法的知识(卡内基基金会一直深入参与这一运动)。无论以什么名义,我们都认为这种工作是本行动议程前几个项目的组成部分。例如,当教师发展项目作为学术工作而不是简单地学习新技术时,如果其中包含了探究的元素,它们则是最强的。

此外,对教育改进成果的研究可以使该项目和作为其工作核心的个别(或多组)教师受到关注和尊重。今天有很多机会来分享这些工作：期刊文章、在线资源收集及面对面的研讨会和会议。以这些方式公开也是给予其他形式的教师工作的认可和奖励的关键。有一部分斯坦福大学和密歇根大学等知名院校的高级教师，获得终身教职的依据是他们对各自领域的教育研究（休伯，2004）。

与其他项目、校园和组织合作，共同创造教育变革的声音和杠杆。

在我们早期关于大学生公民教育和多个领域的专业教育的工作中，我们看到了加强教育实践的机构合作——在校园和国家组织中——的力量。例如，200多所公立大学多年来一直在美国民主计划的赞助下，加强校园的公民教育，该项目由美国州立大学与学院协会和《纽约时报》共同赞助。在专业领域，我们看到了一个由法学院组成的联盟，他们共同努力更新法律的教育教学。

这些合作努力提供了这样的环境：该领域的教育工作者可以分享关于各方面工作的见解和经验，开发联合写作项目以更广泛地传播他们的工作经验，为参与者的母校提供制度合法性，并共同为他们的改革努力创造资源。我们不知道有哪些国家组织肩负着按照我们在此倡导的方向加强商科教育的特殊使命。显然，国际商学院协会对商科教育产生了重大影响，但在这方面的记录好坏参半。曾有一段时间，它只认可那些本科商科专业大多数课程都在文理科的学校，但在2003年，当它的使命更加国际化时，它放弃了这一要求。即便如此，该组织在顶尖商学院的敦促下，可能会被鼓励支持更一体化的模式。

还有其他的可能性，可以齐心协力，共同努力，发出更强大的集体变革声音。美国大学协会（AAC&U）多年来一直致力于以包括商业等职业领域在内的方式促进博雅教育。因此，AAC&U 显然是一个支持将博雅教育与商科教育相结合的全国性机构。美国州立大学与学院协会在促进其成员学校合作和加强本科教育方面也有着悠久的历史。在帮助感兴趣的州立大学实施我们概述的建议时，它很可能成为领导者。较小规模（也许是区域性）的合作也可能是有帮助的。我们鼓励商业项目的领导者找到彼此，建立关系，通过共享材料、教师交流项目和校园访问，为其学校提供动力和能量。

☆

差不多一个世纪前，辛克莱·刘易斯，第一个获得诺贝尔文学奖的美国人，给那些完全遵从社会习俗的商界人士起了一个新名字。《巴比特》成了一个家喻户晓的词，意思是企业中对社会组织、机构或其文化价值不负任何责任的人，但该词也只是简单而纯粹地反映了现状。这部小说是一部尖锐的讽刺作品，它的主人公是个漫画人物，但刘易斯却有效地暴露了商业界令人不安的局限性。

现在的商学院准备让他们的毕业生以一种与乔治·F. 巴比特不同的方式，在商界展开激烈的竞争。但往往它们没有准备好让那些毕业生深入了解他们的生活在任何意义上可能是什么，或者他们在周围世界的位置应该是什么。因此，他们没有充分准备好成为商业领袖或在个人和公民生活中获得完全满足。

正如这本书中的许多例子所证明的那样，这种情况正在改变。纵观当前的挑战和机遇，我们深信，如今商学院的创造力、活力和领导力将带来更多的变革,商学院本科学生可以期待一种博雅教育,为生活的各个层面做准备。在21世纪的生活中,商业越来越重要,这使得这个目标不仅仅是一种空想。这对进入企业的个人和所有受其影响的人来说都是必要的。

参考文献

Ashraf, M. (2004). "A Critical Look at the Use of Group Projects as a Pedagogical Tool." *Journal of Education for Business* 79(4): 213 – 216.

Association of American Colleges and Universities (2005). "Liberal Education and America's promise." Retrieved from http://www.aacu.org/leap/.

Association of American Colleges and Universities (2007). *College Learning for the New Global Century: A Report from the National Leadership Council for Liberal Education and America's Promise.* Washington, DC: Author.

Astin, A. W. (1985). "Involvement: The Cornerstone of Excellence." *Change* 17(4): 34 – 39.

Badaracco, J. L., Jr. (1992). "Business Ethics: Four Spheres of Executive Responsibility." *California Management Review* 34(3): 64 – 79.

Benner, P. E., Sutphen, M., Leonard, V., and Day, L. (2009). *Educating Nurses: A Call for Radical Transformation.* San Francisco: Jossey-Bass.

Bereiter, C., and Scardamalia, M. (1993). *Surpassing Ourselves: An Inquiry into the Nature and Implications of Expertise.* Chicago: Open Court.

Bledstein, B. J. (1976). *The Culture of Professionalism: The Middle Class and the Development of Higher Education in America.* New York: W. W. Norton.

The Board of Consultants (1958). *The Survey of the Wharton School* (report). Philadelphia: University of Pennsylvania.

Brint, S. G. (1994). *In an Age of Experts: The Changing Role of Professionals in Politics and Public Life.* Princeton, NJ: Princeton

University Press.

Brown, T. (2009). *Change by Design: How Design Thinking Transforms Organizations and Inspires Innovation.* New York: Harper Business.

Busenitz, L. W., West, G. P., Ⅲ, Shepherd, D., Nelson, T., Chandler, G. N., and Zacharakis, A. (2003). "Entrepreneurship Research in Emergence: Past Trends and Future Directions." *Journal of Management* 29(3): 285–308.

Campbell, B. M. (1995). *Brothers and Sisters.* New York: Berkeley.

Chandler, A. D. (1977). *The Visible Hand: The Managerial Revolution in American Business.* Cambridge, MA: Belknap Press.

Cheit, E. F. (1975). *The Useful Arts and the Liberal Tradition.* New York: McGraw-Hill.

Colby, A., Beaumont, E., Ehrlich, T., and Corngold, J. (2007). *Educating for Democracy: Preparing Undergraduates for Responsible Political Engagement.* San Francisco: Jossey-Bass.

Colby, A., Ehrlich, T., Beaumont, E., and Stephens, J. (2003). *Educating Citizens: Preparing America's Undergraduates for Lives of Moral and Civic Responsibility.* San Francisco: Jossey-Bass.

Collins, C. J., Hanges, P. J., and Locke, E. A. (2004). "The Relationship of Achievement Motivation to Entrepreneurial Behavior: A Meta-Analysis." *Human Performance* 17(1): 95–117.

Cooke, M., Irby, D. M., and O'Brien, B. C. (2010). *Educating Physicians: A Call for Reform of Medical School and Residency.* San Francisco: Jossey-Bass.

DeAngelo, L., Hurtado, S., Pryor, J. H., Kelly, K. R., Santos, J. L., and Korn, W. S. (2009). *The American College Teacher: National Norms for the 2007–2008 HERI Faculty Survey.* Los Angeles: Higher Education Research Institute, UCLA.

Drucker, P. E. (1985). *Innovation and Entrepreneurship: Practice and Principles.* New York: Harper & Row.

Fisher, R., Ury, W., and Patton, B. (1997). *Getting to Yes: Negotiating an Agreement without Giving in* (2nd ed.). London: Arrow Business Books.

Flexner, A. (1923). *A Modern College and a Modern school.* Garden City, NY: Doubleday, Page and Company.

Flexner, A. (1930). *Universities: American, English, German.* New York: Oxford University Press.

Foster, C. R., Dahill, L., Golemon, L., and Tolentino, B. W. (2006). *Educating Clergy: Teaching Practices and Pastoral Imagination.* San Francisco: Jossey-Bass.

Gaglio, C. M., and Katz, J. A. (2001). "The Psychological Basis of Opportunity Identification: Entrepreneurial Alertness." *Small Business Economics* 16(2): 95–111.

Gardner, H. (1993). *Creating Minds: An Anatomy of Creativity Seen Through the Lives of Freud, Einstein, Picasso, Stravinsky, Eliot, Graham, And Gandhi.* New York: Basic Books.

Garvin, D. A. (2003, September-October). "Making the Case: Professional Education for the World of Practice." *Harvard Magazine* 106: 56–65.

Gordon, R. A., and Howell, J. E. (1959). *Higher Education for Business.* New York: Columbia University Press.

Grossman, P., Hammerness, K., and McDonald, M. (2009). "Redefining Teaching, Re-imagining Teacher Education." *Teachers and Teaching: Theory and Practice* 15(2): 273–289.

Grossman, P., and McDonald, M. (2008). "Back to the Future: Directions for Research in Teaching and Teacher Education." *American Educational Research Journal* 45(1): 184–205.

Gruber, H. E. (1981). *Darwin on Man: A Psychological Study of Scientific Creativity* (2nd ed.). Chicago: University of Chicago Press.

Hart Research Associates (2010). *Raising the Bar: Employers' Views on College Learning in the Wake of the Economic Downturn.* Washington, DC: Association of American Colleges and Universities.

Heckscher, C. C., and Adler, P. S. (2006). *The Firm as a Collaborative Community: Reconstructing Trust in the Knowledge Economy.* Oxford, UK: Oxford University Press.

Hendry, J. (2004). *Between Enterprise and Ethics: Business and Management in a Bimoral Society.* Oxford, UK: Oxford University Press.

Hendry, J. (2006). "Management Education and the Humanities: The Challenge of Post-bureaucracy. In P. Gagliardi & B. Czarniawska-Joerges (Eds.), *Management Education and Humanities* (pp. 21 – 44). Cheltenham, UK: Edward Elgar.

Higher Education Research Institute (2009). *Commissioned Analysis of HERI Data on Undergraduate Business Majors*. Unpublished report, Carnegie Foundation for the Advancement of Teaching.

Hovland, K. (2009). "Global Learning. What is It? Who is Responsible for It?" *Peer Review* 11(4): 4 – 7.

Huber, M. T. (2004). *Balancing Acts: The Scholarship of Teaching and Learning in Academic Careers*. Washington, DC: American Association for Higher Education.

Huber, M. T., and Hutchings, P. (2005). *Integrative Learning: Mapping the Terrain*. Washington, DC: Association of American Colleges and Universities.

Hudson, L. (1966). *Contrary Imaginations: A Psychological Study of the Young Student*. New York: Schocken Books.

Hutchins, R. M. (1955). *The Great Conversation: The Substance of a Liberal Education*. Chicago: Encyclopædia Britannica.

Kanter, R. M. (1977). *Men and Women of the Corporation*. New York: Basic Books.

Katz, J. A. (2006). "Education and Training in Entrepreneurship." In J. R. Baum, M. Frese, and R. A. Baron (Eds.), *The Psychology of Entrepreneurship* (pp. 209 – 236). Mahwah, NJ: Lawrence Erlbaum.

Kelley, T., and Littman, J. (2005). *The Ten Faces of Innovation: IDEO's Strategies for Beating the Devil's Advocate & Driving Creativity throughout Your Organization*. New York: Currency/Doubleday.

Khurana, R. (2007). *From Higher Aims to Hired Hands: The Social Transformation of American Business Schools and the Unfulfilled Promise of Management as a Profession*. Princeton, NJ: Princeton University Press.

King, P. M., and Kitchener, K. S. (1994). *Developing Reflective Judgment: Understanding and Promoting Intellectual Growth and Critical Thinking in Adolescents and Adults*. San Francisco: Jossey-Bass.

Kuh, G. D. (2008). *High-impact Educational Practices: What They are, Who has Access to Them, and Why They Matter.* Washington, DC: Association of American Colleges and Universities.

Larson, M. S. (1977). *The Rise of Professionalism: A Sociological Analysis.* Berkeley: University of California Press.

Lauer, J. M., and Asher, J. W. (1988). *Composition Research: Empirical Designs.* New York: Oxford University Press.

Letcher, D. W, and Neves, J. S. (2010). "Determinants of Undergraduate Business Student Satisfaction." *Research in Higher Education Journal* 6 (1): 1 - 26. Retrieved from www. aabri. com/manuscripts/09391. pdf.

Lewin, R. (2009). "Transforming the Study Abroad Experience into a Collective Priority." *Peer Review* 11(4): 8 - 11.

Light, R. J. (2001). *Making the Most of College: Students Speak Their Minds.* Cambridge, MA: Harvard University Press.

Martin, R. L. (2007). *The Opposable Mind: How Successful Leaders Win through Integrative Thinking.* Boston: Harvard Business School Press.

Martin, R. L. (2009). *The Design of Business: Why Design Thinking is the Next Competitive Advantage.* Boston: Harvard Business School Press.

McClelland, D. C. (1976). *The Achievement Motive.* New York: Irvington.

McDonald, L. G. , and Robinson, P. (2009). *A Colossal Failure of Common Sense: The Inside Story of the Collapse of Lehman Brothers.* New York: Crown Business.

Mizruchi, M. S. (2010). "The American Corporate Elite and the Historical Roots of the Financial Crisis of 2008." *Research in the Sociology of Organizations* 30B: 103 - 139.

National Academy of Engineering (2004). *The Engineer of* 2020: *Visions of Engineering in the New Century.* Washington, DC: National Academies Press.

National Center for Education Statistics (2009). *Digest of Education Statistics* 2008. Washington, DC: Institute of Education Sciences.

National Research Council (2000). *How People Learn: Brain, Mind, Experience, and School* (Expanded edition). Washington DC: National Academies Press.

参考文献

National Survey of Student Engagement (2010). *Means and Standard Deviations by Major: Senior Students.* Retrieved from http://nsse. iub. edu/ 2010_Institutional_Report/pdf/2010%20SR%20Grand%20Means%20by% 20 Major. pdf.

Nie, N. H., and Hillygus, D. S. (2001). "Education and Democratic Citizenship." In D. Ravitch and J. P. Viteritti (Eds.), *Making Good Citizens: Education and Civil Society* (pp. 30 – 57). New Haven, CT: Yale University Press.

Nussbaum, M. C. (1997). *Cultivating Humanity: A Classical Defense of Reform in Liberal education.* Cambridge, MA: Harvard University Press.

Orrill, R, (Ed.). (1997). *Education and Democracy: Re-imagining Liberal Learning in America.* New York: College Entrance Examination Board.

Pascarella, E. T., and Terenzini, P. T. (2005). *How College Affects Students: A Third Decade of Research* (Vol. 2). San Francisco: Jossey-Bass.

Pierson, F. C. (1959). *The Education of American Businessmen: A Study of University-college Programs in Business Administration.* New York: McGraw-Hill.

Rauch, A., and Frese, M. (2007). "Let's Put the Person Back into Entrepreneurship Research: A Meta-Analysis on the Relationship between Business Owners' Personality Traits, Business Creation, and Success." *European Journal of Work and Organizational Psychology* 16(4): 353 – 385.

Rest, J. R. (1979). *Development in Judging Moral Issues.* Minneapolis: University of Minnesota Press.

Santa Clara University (2009). *2010/11 Core Curriculum Guide.* Retrieved from http://www. scu. edu/provost/ugst/core2009/upload/Split-page-pdf-2010-11. pdf.

Sass, S. A. (1982). *The Pragmatic Imagination: A History of the Wharton School*, 1881 – 1981. Philadelphia: University of Pennsylvania Press.

Schneider, C. G., and Shoenberg, R. (1998). *Contemporary Understandings of Liberal Education.* Washington DC: Association of American Colleges and Universities.

Sheppard, S. D., Macatangay, K., Colby, A., and Sullivan, W. M. (2009). *Educating Engineers: Designing for the Future of the Field.* San Francisco: Jossey-Bass.

Shulman, L. S. (1997). "Professing the Liberal Arts." In R. Orrill (Ed.), *Education and Democracy: Re-imagining Liberal Learning in America* (pp. 151–173). New York: College Entrance Examination Board.

Shulman, L. S. (2005). "Signature Pedagogies in the Professions." *Daedalus* 134(3): 52–59.

Smith, K. A., Sheppard, S. D., Johnson, D. W., and Johnson, R. T. (2005). "Pedagogies of Engagement: Classroom-based Practices." *Journal of Engineering Education* 94(1): 1–15.

Sorkin, A. R. (2009). *Too Big to Fail: The Inside Story of How Wall Street and Washington Fought to Save the Financial System from Crisis—and Themselves.* New York: Viking.

Stern Business School. (2010). *Social Impact Core: Curriculum with a Lasting Impact.* Retrieved from http://www.stern.nyu.edu/UC/ProspectiveStudent/SocialImpact/SocialImpactCore/index.htm.

Students in Free Enterprise (2010). *About Sife: Overview.* Retrieved from http://www.sife.org/aboutsife/Pages/Overview.aspx.

Sullivan, W M. (2005). *Work and Integrity: The Crisis and Promise of Professionalism in America* (2nd ed.). San Francisco: Jossey-Bass.

Sullivan, W. M., Colby, A., Wegner, J. W., Bond, L., and Shulman, L. S. (2007). *Educating Lawyers: Preparation for the Profession of Law.* San Francisco: Jossey-Bass.

Sullivan, W. M., and Rosin, M. S. (2008). *A New Agenda for Higher Education: Shaping a Life of the Mind for Practice.* San Francisco: Jossey-Bass.

Trow, M. A. (1973). *Problems in the Transition from Elite to Mass Higher Education.* Washington, DC: Carnegie Commission on Higher Education.

U. S. News and World Report (2010). *Best Colleges 2011: Best Undergraduate Business Programs.* Retrieved from http://colleges.usnews.rankingsandreviews.com/best-colleges/spec-business.

West, G. P., III. (2007). "Collective Cognition: When Entrepreneurial

Teams, not Individuals, Make Decisions." *Entrepreneurship Theory and Practice* 31(1): 77-102.

Whitehead, A. N. (1967). *The Aims of Education and Other Essays.* New York: Macmillan.

Wiggins, G. P., and McTighe, J. (2005). *Understanding by Design* (expanded 2nd ed.). Alexandria, VA: Association for supervision and Curriculum Development.

Yergin, D., and Stanislaw, J. (1998). *The Commanding Heights: The Battle for the World Economy.* New York: Simon & Schuster.

索 引

A

AACSB International（国际商学院协会），177

Accouting discipline（会计学科）: Analytical Thinking taught in（分析性思维教学见），71–73; coursework based around（课程根据见），42–44; PRL coursework (Stern School) on（斯特恩商学院"职责和领导力"课程），55–59; student's market view is shaped by（学生市场观受影响见），44–46

Achievement motivation（成就动机），156

Adler, P. S.（阿德勒），47

Advanced Financial Accounting course (IU)（高级金融会计课程），103

Agency theory（代理学说），45

Amabile, T.（阿马比尔, T.），155–156

American Association of Colleges and Schools of Business (AACSB)（美国大学商学院协会），25–26

American Association of State Colleges and Universities（美国州立大学与学院协会），177

American Democracy Project（美国民主计划），177

Analytical Thinking（分析性思维）: curriculum for teaching（教学课程见），61–63, 71–74; definition of（定义见），60; intro accounting courses application of（会计学入门课程应用见），71–73; as liberal dimension（博雅教育的维

度),59,60; teaching more complex contexts of(更加复杂情景的教学见),73-74. See also Conceptual thinking(也可参见概念思维)

Arizona State University, Tempe(亚利桑那州立大学坦佩学院),120

Arts, See Liberal Education(人文科学,参见博雅教育)

Asher, J. W.(J. 威廉·亚瑟), 104

Ashraf, M.(阿什拉夫),91

Association of American Colleges and Universities (AAC&U)(美国大学与协会),59,133,174,177

Association to Advance Collegiate Schools of Business(美国大学商学院协会或美国管理商学院联合会),25

Astin, A. W.(阿斯廷,A. W.),125

AT&T case study(AT &T 案例分析),98-99

The Automobile: Economy, Politics, and Culture (LAMP seminar)(经济、政策与文化[LAMP 课程]), 78-79

B

Babbitt (Lewis)(《巴比特》刘易斯),178

Babson College(百森商学院): as BELL project site(关于 BELL 项目见),7,8; Coaching for Teamwork and Leadership (CTL) Program at ("团队合作和领导力训练"项目见),92-94,126-127; entrepreneurship curriculum at(创业课程见),141,158; Foundations of Management and Entrepreneurship (FME) course at(管理和创业基础课程见),35-38,82-84,90-91,94-95,99-100, 145-146; Management Consulting Field Experience course at("管理咨询领域经验"课程见),95

Badaracco, J. L., Jr.(巴达拉科, J. L.,Jr.),98

Baker, G.(贝克,G.),84-86

Beaumont, E.(博蒙特,E.),154, 170

BELL (Business, Entrepreneurship, and Liberal Learning) project

initiative(商业、创业及博雅教育)),2-3
BELL project study(BELL 项目): assumptions on liberal learning by business students(BELL 项目:商科学生关于博雅教育的假设见),68-69; on building institutional integration intentionality(以建立机构一体化内涵见),111-131; design of the(相关设计见),7-9; observations following site visits(参观过程中的观察项见),32-50; reflecting work in the BELL project(反馈 BELL 项目中的工作见),2-3. See also Integrated education; *specific instruction*(也可参考一体化教育等)
Benner, P. E.(本纳,P. E.),7
Bentley University(本特利大学): as BELL project site(关于BELL项目见),7,8; Center for Languages and International Collaboration at(语言与国际合作中心见),137; Complex Problems, Creative Solutions (CPCS) course at(复杂问题、创造性解决方案见),158-159; the Davis Workshops for faculty development(戴维斯研讨会关于教师发展见),123-124; Global Studies Major at(全球研究专业见),139; linking arts and sciences with business courses at(将文科、理科和商科课程联系起来见),116-117; LSM (Liberal Studies Major) at(博雅教育专业见),136-137; the Philosophy of Work course at("工作的哲学"课程见),80-81,108
Bereiter, C.,(贝赖特,C.),155
Bledstein, B. J.(布莱德斯坦,B. J.),16
Blount, S.(布朗特,S),114
The Board of Consultants(顾问委员会),161
Bond, L.(邦德,L.),7
Brandeis, L.(布兰代斯,L.),18
Brennan, D.(布里南,D),76,77
Brint, S. G.(布林特,S. G.),16
Brothers and Sisters (Campbell)(《兄弟姐妹》坎贝尔),108
Brown, T.(布朗,T.),151,153
Buchanan, B.(布肯南,B.),56,

81-82
"The bullwhip effect" phenomenon(牛鞭效应现象),99-100
Busenitz, L. W.(布森尼茨,L. W.),145
Business education(商科教育): Abraham Flexner's critique of(亚伯拉罕·弗莱克斯纳的批评见),22,25; Alfred North Whitehead's vision of(怀特海的愿景见),22-23,26; Bell project initiative on(BELL项目发起见),2-3; historic drive to professionalize(专业化的历史动力见),21-23; managerial profession debate in(管理专业辩论见),18-21; movement toward professionalism in(走向专业化见),16-18; nineteenth century history impacting(19世纪历史影响见),23-25; rethinking current approach to(反思当前的问题见),4-7. See also MBA education(也可参见MBA教育);Undergraduate business education(本科商科教育)

Business Environments course(PSU)(商业环境课程[宾夕法尼亚州立大学]),101-102
Business professionalism(商科专业化): current and future conditions of(当前和未来的情况见),29-31; deregulation policies and(放宽政策见),26,27-28; integrative thinking skills for(一体化思考方式见),30-31,39-40,47-48,149-150; managerial(边际化的见),18-21,26; market mind-set of modern(现代市场刻板思维见),28-29; preparation of students for 21st century(21世纪学生的准备见),46-49; scientific management(科学化的管理见),18,26,108; social trustee model of(社会受托人的模式见),26; technological changes impacting(技术变化的影响见),27
BusinessWeek(《商业周刊》),43,165
Business writing(商务写作),102-104,104-105

213

Business writing(商务写作): approaches to teaching(教学方法见),102 - 104, writing as inquiry compared to(调查式写作比较见),104 - 105

Business-Higher Education Forum(高等商业教育论坛),90

C

Campbell, B. M.(坎贝尔,B. M.),108

Campus culture(校园文化),127 - 130

Carnegie Corporation of New York(纽约卡内基公司),25,43,61

The Carnegie Foundation for the Advancement of Teaching(卡内基基金会),176; BELL project initiative of(BELL 项目的发起见),2 - 3

Carnegie Steel(卡内基钢铁公司),17

Case-dialogue/case studies pedagogy(案例教学法): business education use of(商科教育中的一种教学方法见),95 - 97; Ethical formation of(道德观的形成见),97 - 98; framework and heuristics for(框架和启发式方法见),98 - 99; Kelley School's business ethics course use of(凯利商学院道德课程中的使用方法见),98 - 99; origins of(起源见),20; role-playing used in(角色扮演是其中的一种方式见),99; simulations used in(模拟仿真也是一种方式见),99 - 102

Center for Languages and International Collaboration (Bentley University)(语言与国际合作中心[本特利大学]),137

Chandler; A. D.(钱德勒,A. D.),17

Chandler, G. N.(钱德勒,G. N.),145

Change by Design (Brown)(《设计改变一切》布朗),153

Cheit, E. F.(凯特,E. F.),24

Chekhov, A.(契诃夫,A.),107

Cicero(西塞罗),58

Clemson University(克莱姆森大学),121

Clockwork（film）(《时钟》[电影]),108

Coaching for Teamwork and Leadership (CTL) Program [Babson College]（团队合作和领导力训练项目[百森商学院]),92–94,126–127

Cocurricular activities（课外活动）：global cultural literacy through（全球文化素养贯穿其中),140–141; integrative education supported through（一体化教学被支撑),125–127

Colby, A.（科尔比,A.),7,154,170

Collective cognition（群体认知),151

Collins, C. J.（科林斯,C.J.),156

Columbia University（哥伦比亚大学),22

Communication skills（沟通技能）："great conversation" seminars used to teach（"伟大对话"教学研讨会见),106; integrated approach to teaching（综合教学方法见),108–109; rhetorical inquiry（修辞调查式写作见),104; teaching oral（口语教学见),108–109; teaching written（写作教学见),102–105

Community-based learning（以社区为基础的学习),94–95

Complex practical reasoning（复杂实践推理）：Analytical Thinking component of（分析性思维的一部分),59,60–63,71–74; Multiple Framing component of（多重框架思维中的见),59,60,63–65,74–79; Practical Reasoning component of（实践推理的一部分见),54–55,59–60,68,82–84; question of how to teach（关于如何教授的问题见),21; for reconciling conflicting approaches to problems（用以整合矛盾解决的方法见),47–48; the Reflective Exploration of Meaning component of（反思探索思维内涵的一部分见),59,60,65–67,79–82,107,155; student preparation for 21st century（学生面对21世界的准

备见),46–50. See also Integrative thinking(可参考一体化思维);Leadership(领导力)

Complex Problems, Creative Solutions (CPCS) course (Bentley University)(复杂问题、创造性解决方案[本特利大学]),158–159

Conceptual thinking(概念思维),61. See also Analytical Thinking(也可参见分析性思维)

Contemporary American Business course (Leavey)(利维商学院的当代美国商业课程):compared to other courses(与其他课程相比见),37,39;"Mike's Bikes" simulation used during(使用"迈克的自行车"模拟见),34–35,101;social intelligence development in(社交智慧的发展),101

Cooke, M.(库克,M.),7,11

Corngold, J.(康戈尔德,J.),170

Corporate Responsibility course (Wharton)(企业责任课程[沃顿商学院]),135,136,137

Creativity(创造力),155–156

Crick, F.(克里克,F.),6

Croly, H.(克罗利,H.),18

Cross-pollinators(异花授粉者),152–153

Csikszentmihalyi, M.(契克森米哈赖,M.),155

Curriculum(课程). See Undergraduate business curriculum(参见本科商科课程)

D

Dahill, L.(达希尔,L.),7

The Davis Workshops (Bentley University)(本特利大学戴维斯研讨会),123–124

Day, L.(戴,L.),7

Dell Computers(戴尔计算机),27,44

Deregulation policies(放松管制政策),26,27–28

The Design of Business (Martin)(《商业设计》马丁),153

Distancing practice(缩小差距练习),62

Donham, W. B.(多纳姆,W. B.),16,20,23

dot. com boom (2000)(互联网泡

沫[2000]),11

Double helix metaphor("双螺旋"结构),6-7

Downey, G(唐尼,G.),62

Downs, A.(唐斯,A.),116

Drucker, P.(德鲁克,P.),149

E

Economy(经济). *See* Global economics(参见世界经济)

Educating Citizens(Colby)(《公民教育》科尔比),128

The Education of American Businessmen: A Study of University-College Programs in Business Administration(Pierson)(《美国商人教育:工商管理大学—学院课程研究》皮尔逊),25

Educational reform(教育改革). See Undergraduate business education reform(参见本科商科教育改革)

Efficient market hypothesis(有效市场假说),164-165

Ehrlich, T.(欧利希,T.),90,154,170

Enders, J.(恩德斯,J.),101-102

Enron failure(2001)(安然公司的失败[2001]),11

Entrepreneurial character formation(企业家品格的形成),154-156

Entrepreneurship curriculum(创业课程):collective cognition development through(通过……培养集体认知见),151;current approaches to(当前的教学法见),145-147;developing team skills through(培养团队技能见),150-151;educational implications of(教育意义见),156-160;entrepreneurial character formation through(企业家品格的形成见),154-156;integrative thinking of(一体化思维见),149-150;as liberal learning(博雅教育见),147-160;reasons for relative neglect of(相对忽视的原因见),144-145;social entrepreneurship(公益创业见),142-144,145-147;taking broad view of entrepreneurship(从广义上看创业见),141-142. See also Innovation curriculum(也可参见创新课程)

Ethical formation（道德的形成）：case studies and（案例研究见），97－98；"Friday Letter"（PSU Business Environments class）reporting on（"星期五信件"［波特兰州立大学的"商业环境"课程］报告见），102；global cultural literacy considerations for（全球文化素养考量见）；135－136；Intercollegiate Ethics Bowl and（校际伦理碗见），127；Kelley School's business ethics course（凯利商学院的商科道德课程见），98－99；the Reflective Exploration of Meaning and（反思探索思维见），79－81；social intelligence development for（社交智慧的发展见），100－102；stewardship phenomenon taught for（管理现象的教学见）；105

Ethical sensitivity（道德敏感性），97－98

Exploration-versus-instrumental orientation（探索性和工具性取向之争），40－41

F

Faculty（教职工）：providing development programs（提供发展项目见），122－125；supporting integration efforts by（支持整合工作见），174－175

Feedback（反馈）：intentionality of（意向见），93；learning cycle importance of（"学习圈"理论的重要性见），91－92

FIFO（first in, first out）（先进先出），72

Finance discipline（围绕金融学科的课程）：coursework based around（课程根据见），42－44；PRL coursework（Stem School）on（斯特恩商学院"职责和领导力"课程见），55－59；student's market view is shaped by（学生市场观受影响见），44－46

Fisher, R.（菲舍尔, R.），94

Flexner A.（弗莱克斯纳, A.），22, 25

Ford Foundation（福特基金会），24, 26, 43, 44, 61

Fort Motor Company（福特汽车公

司),24

Foster, C. R.(福斯特,C. R.),7

Foundations of Management and Entrepreneurship (FME) course [Babson College](百森商学院的管理和创业基础课程): computer-based simulation used in(使用基于计算机的模拟见),99-100; description and approach of(描述和方法见),35-38; teaching entrepreneurship during(教授创业见),145-146; teaching for Practical Reasoning(实践推理教学见),82-84; team-based supervised practice of(以团队为基础的督导实习见),94-95; teamwork approach of(团队合作教学法见),90-91

Franklin & Marshall College(富兰克林与马歇尔学院): as BELL project site(关于BELL项目见),7,8; BOS (Business, Organizations, and Society) department at("商业、组织和社会"系见),118-119; faculty development at(教师发展见),124-125; Introduction to Economic Perspective course(经济学视角导论课程见),76-78

"Free rider problem"("搭便车问题"),91-92

Frese, M.(弗里斯,M.),156

"Friday Letter"(PSU Business Environments class)("星期五信件"[宾夕法尼亚州立大学商业环境课程]),102

G

Gaglio, C. M.(加利奥,C. M),148,149,151

Gardner, H.(加德纳,H.),155,156

Garvin, D. A.(加文,D. A.),20

General Electric(通用电气),17

General Motors(通用汽车),44

Global cultural literacy(全球文化素养): business curriculum role of(商科课程内容),136-137; business education for(商科教育的教学目的),133-141; cocurricular activities with international dimension for(有国际视

野的课外活动),140-141;ethical considerations of(道德上的思考),135-136;Globalization and the Culture of Business in East Asia (IU) for(印第安纳大学全球化和东亚的商业文化课程见),134-135;study abroad for(出国留学见),138-139

Global economics(世界经济环境):business environment of the(商业环境),26-28;current and future conditions of the(当前及未来情况见),29-31;Great Depression(1930s)(大萧条[1930s]见),23;Great Recession (2008) impacting(经济危机[2008]的影响见),14;market mind-set of(市场刻板思维见),28-29;modern reality of interdependence of(相互依存关系见),1;preparing students for 21st-century business and(帮助学生做好面对21世纪的准备),46-49

Globalization and the Culture of Business in East Asia course (IU),(印第安纳大学全球化和东亚的商业文化课程),134-135

Golemon, L.(戈尔蒙,L.),7

The Good Steward seminar (IU)(印第安纳大学"好管家"研讨会),105

"Gooseberries" (Chekhov)(《醋栗》契诃夫),107

Gordon, R. A.(戈登,R. A.),25,43

Gordon, S.(戈登,S.),37,83-84

Gould, S. J.(古尔德,S. J.),108

Great Depression (1930s)(大萧条[1930s]),23

Great Recession (2008)(经济危机[2008]),14

Greene, P.(格林,P.),141

Grossman, P.(格罗斯曼,P.),89

Gruber, H. E.(格鲁伯,H. E.),155

H

Hammerness, K.(哈莫尼斯,K.),89

Hanges, P. J.(汉格斯,P. J.),156

Harlem Renaissance(哈莱姆文艺复兴),128

Hart Research Associates(哈特研究协会),52

Harvard Business School(哈佛商学院),16,20,23

Harvard Law School(哈佛法学院),20

Harvey Kapnick Business Institutions Program (Northwestern)(西北大学哈维·卡普尼克商科项目),120

Heckscher, C. C.(赫克舍,C. C.),47

Hendler, R.(亨德勒,R.),157-158

Hendry, J.(亨德里,J.),29,30,47

Higher education(高等教育):challenge of joining professional and liberal(加入博雅和职业教育的挑战见),53-54; exploratory versus instrumental approaches to(探索性和工具性的方法见),51-53; as formative experience(形成经验见),4,32,52-53; popularity of business major in(商科专业受欢迎见),1-2; prioritizing in order to attract federal funds(优先化以吸引联邦资金见),24-25; professional(专业的见),53-55,68. See also Liberal education(参见博雅教育); Undergraduate business education(本科商科教育)

Higher Education for Business (Gordon and Howell)(《高等商科教育研究》戈登和豪厄尔),25

Hillygus, D. S.(希利格斯,D. S.),163

Hovland, K.(霍夫兰,K.),133

Howell, J. E.(豪厄尔,J. E.),25,43

Huber, M. T.(休伯,M. T.),174,176

Hudson, L.(哈德森,L.),62

Hume, D.(休谟,D.),46

Huntsman Program (Wharton School)(宾夕法尼亚大学沃顿商学院亨茨曼项目),137,139,140

Hutchings, P.(哈钦斯,P.),174

Hutchins, R. M.(哈钦斯,R. M.),106

I

I-Core（integrated core curriculum）［Indiana University］（印第安纳大学综合核心课程），96-97

Idealist. org（理想主义者网站），146

Indiana University（IU）（印第安纳大学）. See Kelley School of Business（IU）（参见印第安纳大学凯利商学院）; Liberal Arts and Management Program（LAMP）［IU］（印第安纳大学的博雅教育和管理项目［LAMP］）

Innovation curriculum（创新课程）: on cross-pollinators（关于异花授粉者见），152-153; innovation taught as team-based process（以团队为基础的创新过程教学见），151-153; on social impact of innovation（创新的社会影响见），153-154. See also Entrepreneurship curriculum（也可参见创业课程）

Institutional intentionality（制度意向性）. See Integrated education intentionality（参见一体化教育意向性）

Instrumental-versus-exploration orientation（工具性和探索性取向之争），40-41

Integrated education（一体化教育）: an action agenda for（一个行动计划见），171-177; building institutional intentionality for（建立机构内涵见），111-131,169-170; communication skills（沟通技能），108-109; double helix metaphor of（"双螺旋"结构），6-7; five recommendations for implementing（五条执行的建议见），166-171; I-Core（integrated core curriculum）［IU］ example of（印第安纳大学综合核心课程的例子），96-97; liberal arts and business approaches to（博雅教育和商科的方法见），33-38,55-59; PRL course（Stern）approach to（斯特恩商学院的"职责和领导力"课程见），55-59,64,107; Wharton's vision and continued efforts toward（沃顿商学院的愿景与持续努力的方

向),15-16,161-162. See also BELL project study(可参考BELL项目); Liberal education(博雅教育); Undergraduate business education(本科商科教育)

Integrated education agenda(一体化教育计划): bringing community of stakeholders to consider(将利益相关者纳入考虑范畴),171-173; developing intentional integration strategy(制定整合计划),175; invest in research linked to improving educational quality(向能够改善教育质量的研究上投资),176; partnering to leverage educational change(合作促进教育改革),176-177; reshaping curriculum supporting liberal learning(完善课程以符合博雅教育),173-174; supporting faculty's integration efforts(支持教职员工的整合计划),174-175

Integrated education intentionality(一体化教育意向性): business preparation within the arts and sciences for(文科和理科领域的商科准备见),117-121; campus cultural context of(一体化教育内涵:校风的内涵),127-130; cocurricular activities context of(课外活动的内容),125-127; critical importance of(至关重要见),111-112; curricular models and approaches to(课程模式与方法),112-121; linking arts and sciences with business courses(将文科与理科的内容与商科关联在一起),115-117; programmatic emphasis on social impact for(社会影响方面规划性的重点见),113-115; programs supporting(课程支撑),121-125; recommendations for(意见建议见),169-170

Integrative thinking(一体化思维): description of(描述见),30-31; entrepreneurial curriculum development of(创业课程的发展),149-150; laying groundwork for developing(为发展奠定基础),39-40,48; successful management as requiring(按需成功管理),47–48;See also Complex practical reasoning;Practical Reasoning(可参考实践推理)

Intercollegiate Ethics Bowl(校际伦理碗),127

Intrinsic motivation(内在动机),155–156

Irby,D. M.(厄比,D. M.),7

J

Johns Hopkins University(约翰·霍普金斯大学),21,22,159

Johnson,D. W.(约翰逊,D. W.),89

Johnson,R. T.(约翰逊,R. T.),89

Joint faculty development programs(联合教师发展计划),122–125

Journal of Business Venturing(《创业学》期刊),145

K

Kanter,R. M.(坎特,R. M.),21

Katz,J. A.(卡茨,J. A.),145,148,149,151

Kauffman Foundation(考夫曼基金会),143–144

Kelley School of Business(IU)(印第安纳大学凯利商学院):Advanced Financial Accounting course at,(高级金融会计课程所在学院),103;as BELL project study site(BELL项目考察地),7,8;business ethics course at(商科道德课程所在学院),98–99;Globalization and the Culture of Business in East Asia course at(全球化和东亚商业文化课程所在学院),134–135;I-Core(integrated core curriculum)case-study assignment at(综合核心课程案例学习所在学院),96–97. See also Liberal Arts and Management Program(LAMP)[IU](可参见印第安纳大学博雅教育和管理课程)

Kelley,T.(凯利,T.),151,152,155,156

Khurana,R.(库拉纳,R.),15,16,22,23,25

King,M. L.,Jr.(金,M. L.,

Jr.),128

King, P. M(金,P.M.),74

Kitchener, K. S(基奇纳),74

Kuh, G. D.(库),6,33

Kuratko, D. F(库拉特科),141

L

Larson, M. S.(拉森,M.S.),16

Lauer, J.(劳尔,J.),104

Law, Business, and Society course (Stern School)(法律、商业和社会课程[斯特恩学院]),113

Leadership(领导力):integrative thinking quality of(整体思考质量见),30-31,39-40,47-48;key intellectual disciplines involved in(核心智力训练见),48;question on how to teach(有关于如何授课的问题见),21;the Reflective Exploration of Meaning development of(反思探索思维见),81-82. See also Complex practical reasoning(亦可参见复杂实践推理)

Leadership and Communication in Groups course (Wharton)(团队中的领导力和沟通课程[沃顿]),92,95

Leavey School of Business (SCU)(利维商学院):as BELL project site(BELL项目试点学校见),8;campus culture supporting integration at(校园文化整合见),129,130;capstone business strategy course example of liberal learning(文化学习的例子巅峰课程见),84-86;Contemporary American Business course at(当代美国商业课程见),33-35,37,39,101;LSM (Liberal Studies Major) option at(LSM[文科学科专业]选择见),116-117;"Mike's bikes" simulation used at("迈克的自行车"模拟见),34-35,101;*Pathways* program approach to integration at(路径程序整合方式见),115-116

Leonard, V.(莱纳德,V.),7

Letcher, D. W.(莱彻,D.W.),125

Lewin, R.(卢因,R.),138

Lewis, S.(刘易斯,S.),177-178

Liberal Arts and Management Program（LAMP）［IU］（博雅教育和管理项目［LAMP］［IU］）：the Automobile: Economy, Politics, and Culture seminar at：（汽车：经济、政治和文化研讨会见），78-79；as BELL project site（正如 BELL 项目试点学校见），7,8；the Good Steward seminar at（好管家研讨会见），105；offering opportunities for exploration at（为研究提供机会见），119-120；Virtu project at（维尔图计划见），126. See also Kelley School of Business（IU）（亦可参见凯利商学院［IU］）

Liberal education（博雅教育）：Bell project on business education interaction with（BELL 商科教育项目与文科教育互动见），2-3；challenge of joining professional and（加入职场的挑战见），53-54；instrumental versus exploratory approaches of（指导性的和探索性的方法见），51-53；integrated approaches in action（实践中的整合方法），55-59；opinion courses of（意见课程见），109；Practical Reasoning developed by（使用推理见），54-55,59；purpose of（其目的见），53. See also Higher education；Integrated education（亦可参见高等教育；整体教育）

Liberal learning（博雅教育）：Analytical Thinking dimension of（分析性思维维度见），59,60,61-63,71-74；BELL project study assumptions about（BELL 项目研究的推论见），68-69；to broaden undergraduate business education（拓展本科商科教育见），38-41；business education pedagogies of（商科教育教学法见），88-110；description of（及其描述见），59；entrepreneurship thinking as（创业思维见），147-160；Multiple Framing dimension of（多重框架维度见），59,60,63-65,74-79；Practical Reasoning dimension of（实践推理维度见），54-55,59,60,68,

82-84; recommendations for integrating business curriculum and(整体商科教育推荐课程见),168; the Reflective Exploration of Meaning dimension of(反思探索思维见),59,60,65-67,79-82; reshaping curriculum to support(重塑课程以支持见)173-174; SCU capstone business strategy course example of(SCU巅峰课程范例见),84-86

Liberal learning pedagogies(博雅教育教学法):case studies/ case-dialogue(案例研究/案例对话见)20,95-102; feedback used in(使用的反馈见),91-92,93; intentionality of(其意图见),92-94; pedagogies of enactment(法规制定教学法见),89-90; supervised practice of service learning(服务学习督导实习见),94-95; teaching for expertise using pedagogies of engagement(用互动教学法传授专业知识见),89-90; teaching written and oral communication(书面及口头表达教学见),102-109; team-based(基于团队的见),48-49,90-94,90-95

Liberal Studies Major (LSM)[Bentley University](博雅教育专业[LSM][本特利大学]),136-137

LIFO (last in, first out)(后进先出),72

Light, R. J.(莱特,R. J.),91

Littman, J.(利特曼,J.),151,156

Locatelli, P.(洛卡特利,P.),129

Locke, E. A(洛克,E. A.),156

Los Angeles riots (1992)(1992年洛杉矶骚乱),108

LSM (Liberal Studies Major)[Santa Clara University](圣塔克拉拉大学博雅教育专业),116-117

M

Macatangay, K.(马卡坦盖,K.),7,154

Madison, J.(麦迪逊,J.),119

Magid, C.(马吉德,C.),80,108

Management Consulting Field Experience course (Babson College)

（管理咨询领域经验课程［百森学院］），95

Management discipline（管理学）：agency theory of strategic management（战略管理的代理学说），45；coursework based around（课程作业根据见），42-44；PRL coursework（Stern School）on PRL（PRL课程作业［斯特恩学院］见），55-59；student's market view is shaped by（学生市场观受影响见），44-46

Managerial Communication course（MIT）（管理沟通课程［麻省理工学院］），102-103

Managerial profession（管理专业）：business education debate over（关于商科教育的辩论见），18-21；scientific management approach to（科学管理方法见），18，26，108

Market mind-set（市场思维模式）：business curriculum creating（商业课程创造见），44-46；development of the（其发展历程见），28-29；efficient market hypothesis driving（有效市场假说驱动），164-165

Marketing discipline（营销学）：coursework based around（课程作业根据见），42-44；PRL coursework（Stern School）on（PRL课程作业［斯特恩学院］见），55-59；student's market view is shaped by（学生市场观受影响见），44-46

Marketing for Non-Profit Organizations course（PSU）（非营利组织营销课程），146

Martin, R.（马丁，R.），30，31，47，48，61，64，149，149-150，151，153，155，157

Marxian theory（马克思主义理论），77

Massachusetts Institute of Technology（MIT）（麻省理工学院）：as BELL project study site（关于BELL项目的研究点见），7，8；Program in Management Science of（管理科学中的程序见），7，8；Sloan School of Management at（斯隆管理学院见），7，8，102-103

MBA education（工商管理硕士教

育):development of(其发展历程见),25,42－43;undergraduate business degree as simplified(简化的本科商科学位),3,166. See also Business education(也见商科教育)

McClelland, D.(麦克莱兰,D.),156

McDonald, L. G.(麦克唐纳,L. G.),74

McDonald, M.(麦克唐纳,M.),89

McNamara, R.(麦克纳马拉,R.),24

McTighe, J.(麦克泰格,J.),170

"Mike's Bikes" simulation(Leavey)("迈克的自行车"模拟〔利维〕),34－35,101

Morehouse College(莫尔豪斯学院):as BELL project study site(关于BELL项目的研究点见),7,8;campus culture supporting integration at(支持一体化的校园文化见),128－129,130;cocurricular activities at(补充课程的活动见),127,140;global literacy supported at(支持全球扫盲见),137;Principles of Management course at(管理基本原理课程见),91

"Morehouse man"("莫尔豪斯人"),129

Multiple Framing(多重框架):curriculum for teaching(教学课程),63－65,74－79;definition of(其定义见),60;Introduction to Economic Perspective course approach to(经济视角导论课程方法见),76－78;LAMP courses using historical thinking as(利用历史思维的LAMP课程见),78－79;as liberal learning dimension(通识学习维度见),59,60;observing missed opportunities for teaching(评述错失的教学机会见),75－76

N

Narrative text seminars(叙述文本研讨会),106－108

National Academy of Engineering(国家工程院),12

National Center for Educational Statistics(国家教育统计中心),1

National Research Council(国家研究理事会),6

National Survey of Student Engagement(全国学生参与度调查),40,106

Nelson,T.(纳尔逊,T.),145

Neves,J. S.(尼夫斯,J. S.),125

New York Times(《纽约时报》),177

New York University. See Stern School(New York University)(纽约大学,见斯特恩学院[纽约大学])

Nie,N. H.(尼,N. H.),163

Normative practical knowledge(规范性实践知识),19-20

Northwestern University(西北大学),120

Nussbaum,M. C.(努斯鲍姆,M. C.),59

O

O'Brien,B. C.(奥布莱恩B. C.),7

Olin,F. W.(奥林,F. W.),141-142

On Duties(Cicero)(《论义务》西塞罗),58

Opinion courses(意见课程),109

The Opposable Mind(Martin)(《对立的思维》马丁),151,155

Oral communication teaching(口头交流教学):engagement with narrative texts(与叙述性文本的互动见),106-108;integrated approach using(整体方法的使用),108-109;two views of(两种观点),105-106. See also Written communication teaching(亦可参见书面交流教学)

Organizational Communication course(Stern School)(组织沟通课程[斯特恩学院])113

Orrill,R.(奥利尔,R.),59

P

Pascarella,E. T.(帕斯卡雷拉,E. T.),6,32

Pathway program(Leavey School of Business)(路径项目[利维商学院]),115-116

Patton, B.(巴顿,B.),94

Pedagogies(教学法): case studies/case-dialogue(案例学习/案例对话见),20,95-102; liberal learning in business education(商科教育的博雅教育见),88-110; Practical Reasoning(实用推理见),54-55; supervised practice of service learning(服务式督导实习见),94-95; teaching for expertise using pedagogies of engagement(用互动教学法教授专业知识见),89-90; teaching written and oral communication(书面及口头交流教学见),102-109; team-based(基于团队的见),48-49,90-95. See also Undergraduate business curriculum(亦可参见本科商科课程工作的哲学[本特利大学])

The Philosophy of Work (Bentley University)(本特利大学的"工作的哲学"课程),80-81,108

Pierson, F. C.(皮尔逊,F. C.),25

Portland State University (PSU)(波特兰州立大学): as BELL project study site(见 BELL 项目的研究地点),7,8; Business Environments course at(商业环境课程见),101-102, campus culture supporting integration at(校园文化整合见),129-130; capstone course service learning approach at(巅峰课程见),95; Marketing for Non-Profit Organizations course at(非营利性组织市场营销课程见),146

Practical Reasoning(实践推理): Babson College's FME course teaching for(百森学院的 FME 课程教学见),82-84; curriculum for teaching(教学课程见),68,82-84; description of(及其描述见),60; as liberal learning dimension(博雅教育维度见),59,60; pedagogies to develop(发展教学法见),54-55; practical wisdom aim of(实用智慧目标见),68; professional education goal of(职业教育目标见),54-55,68; as synthetic capacity(合

成能力见),59. See also Integrative thinking(亦可参见整体思考)

Practical wisdom(实践智慧),68

Princeton University(普林斯顿大学),159

Principles of Management course (Morehouse College)(管理基本原理课程[莫尔豪斯学院]),91

Professional education(职业教育): challenge of joining liberal and(加入文化的挑战见),53-54; Practical Reasoning goal of(实践推理目标),54-55,68

Professional Responsibility and Leadership(PRL)course(Stern School)(职责和领导力[PRL]课程[斯特恩商学院]): integration approach used by(使用的整体方法见),55-59,113; Multiple Framing outcomes of(多重框架思维的结果见),64; narrative text used in(叙述文本见),107; Reflective Exploration of Meaning teaching of(反思探索思维见),81-82

Program in Management Science (MIT), as BELL project study site(管理科学项目[麻省理工学院],见 BELL 项目的研究地点),7,8

Purdue University(普渡大学),104

R

Rauch, A.(劳赫,A.),156

The Reflective Exploration of Meaning(反思探索思维): application feature of(应用特点见),67; curriculum for teaching (教学课程见),65-67,79-82; definition of(其定义见),60; ethical considerations central to (其核心道德考虑见),79-81; interpretation through process of (过程解读见),65; as liberal learning dimension(作为博雅教育维度见),59,60; Moral Problems and the Good Life course (道德问题及美好生活课程见),80; motivating sense of direction through(通过其激发方向感见),155; narrative feature of(叙述特

征见),66; narrative text engagement for(文本互动见),107; presentation feature of(展示特征见),66–67; professional responsibility and leadership taught through(职责及领导力培训见),81–82; questioning feature of(提问特征见),66

Rest, J. R.(雷斯特,J. R.),97

Rhetorical inquiry(修辞调查式写作),104

Robinson, P.(鲁滨逊,P.),74

Rodney King beating(罗德尼·金),108

Role-playing(角色扮演): case analysis use of(案例分析见),99; corporate responsibility course(Wharton)(企业责任课程[沃顿]见),136; online(线上见),101–102

Rosin, M. S.(罗森,M. S.),62

Rotman School of Management(University of Toronto)(罗特曼管理学院[多伦多大学]),30

Rubin, J.(鲁宾,J.),98–99,101

S

Sacks, O.(萨克斯,O.),108

Santa Clara University. See Leavey School of Business(SCU)(圣塔克拉拉大学,见利维商学院[SCU])

Sass, S. A.(萨斯,S. A.),15,161,162

Scardamalia, M.(斯卡德玛利亚,M.),155

Schneider, C. G.(施奈德,C. G.),59

Schumpeter, J.(熊彼特,J.),116

Scientific management(科学管理),18,26,108

Service learning(服务学习): Leadership and Communication in Groups course(Wharton)(团队中的领导力和沟通课程[沃顿]),92,95; Portland State University capstone course in(波特兰州立大学巅峰课程见),95; as supervised practice learning(督导实习见),94–95

"Shareholder primacy" view("股东至上"观点),45

Shepherd, D.（谢泼德, D.）, 145

Sheppard, S. D.（谢泼德, S. D.）, 7, 11, 89, 154

Sherman, S.（舍曼, S.）, 159

Shoenberg, R.（休恩伯格, R.）, 59

Shulman, L. S.（舒尔曼, L. S.）, 7, 33

SIFE（Students in Free Enterprise）（在自由式企业中的学生）, 140

SIFE World Cup（SIFE 世界杯）, 140

Simulations（模拟）：Babson College's FME course use of（百森商学院的 FME 课程见）, 99-100; case study analysis use of（案例分析见）, 99; "Mike's Bikes"（Leavey）（"迈克的自行车"[利维商学院]）, 34-35, 101; PSU's online role-playing（宾夕法尼亚州立大学在线角色扮演课程见）, 101-102; social intelligence development using（社交智慧的发展见）, 100-102; teaching business writing using（商务写作教学见）, 102-103

Sloan School of Management（MIT）（斯隆管理学院[MIT]）: as BELL project study site（BELL 研究项目试点学校见）, 7, 8; Managerial Communication course at（沟通管理课程见）, 102-103; oral communication approach by（口头沟通策略见）, 105-106

Smith, K. A.（史密斯, K. A.）, 89

Social cognitive and systems perspective（社会认知和系统的视角）, 142

Social entrepreneurship（公益创业）: current approaches to teaching（当前的教学模式见）, 145-147; examining the benefits of（检验其成果见）, 142-144

Social impact（社会影响）, 142-144, 153-154

Social Impact and Responsibility course（Wharton School）（社会影响和责任课程[沃顿商学院]）, 114-115

Social intelligence development（社交智慧的发展）, 100-102

Soybel, V.（索伊别尔, V.）, 71-

73

Spiro Institute（Clemson University）（斯皮罗学院［克莱姆森大学］）,121

Standard Oil(标准石油公司),17

Stanford University(斯坦福大学),176

Stanislaw, J.(斯坦尼斯劳,J.),1

Stephens, J.(斯蒂芬斯,J.),154

Stern School（New York University）（斯特恩学院［纽约大学］）：as BELL project site institution(BELL项目试点学校见),7,8; international experiences at(国际经验见),139; Law, Business, and Society course(法律、商业及社会课程见),113; Organizational Communication course(机构化沟通课程见),113; Professional Responsibility and Leadership（PRL）course(职责和领导力［PRL］课程见),55-59,64,81-82,107,114; programmatic emphasis on social impact at(项目的社会重点见),113-115; Social Impact Core of the(社会核心影响见),57

Stewardship phenomenon（管理现象）,105

Student advising programs（学生咨询机制项目）,121-122

Students in Free Enterprise（SIFE）（自由式企业中的学生［SIFE]）,140

Students. See Undergraduate business students(学生,见本科商科学生)

Study abroad programs(出国留学项目),138-139

Sullivan, W. M.（沙利文, W. M.）,7,16,18,62,154

Sustainability（可持续性）,142-144

Sutphen, M.（萨特芬,M.）,7

Szent-Györgyi, A. von(塞特-乔伊, A. 冯),152

T

Taylor, F. W(泰勒, F. W.),18,108

Team-based pedagogies（团队教学法）: Babson College's FME

course use of(百森商学院的FME课程使用见),90-91;benefits to business students(对商科学生的好处见),48-49;Coaching for Teamwork and Leadership(CTL)Program[Babson College](团队合作和领导力训练[CTL]项目见[百森商学院]),92-94;Foundations of Management and Entrepreneurship(Babson College)(管理学和创业基础[百森商学院]见),94-95;"free rider problem" of("搭便车问题"见),91-92;intentionality of(其意图见),92-94;liberal teaching(博雅教育见),90-94

The Ten Faces of Innovation(Kelley & Littman)(《创新的十个方面》凯利和利特曼),151

Terenzini, P. T.(特伦齐尼,P. T.),6,32

Tolentino, B. W.(托伦蒂诺,B. W.),7

Transformative Action Institute(TAI)(变革行动研究所[TAI]),159

U

UC Berkeley(加州大学伯克利分校),159

UCLA(加州大学洛杉矶分校),159

Undergraduate business curriculum(本科商科课程):accounting discipline of(会计学科见),42-46,55-59,71-73;allowing critical questioning as part of(允许批判性质疑见),37-38;cocurricular activities as part of(课外活动见),125-127,140-141;complex practical reasoning taught in(复杂实践推理的教学见),21;curricular models and approaches to integrative(课程模板和整合手段见),112-121;distancing practice demanded by(远距离实践的要求见),62;double helix metaphor of integrative vision of(整合视角下的双螺旋隐喻见),6-7;entrepreneurship and innovation emphasis in(强调创业和创新见),141-147;finance discipline of(金融学

索　引

科见),42－46,55－59; instrumental approach ingrained into(根深蒂固的指导性方法见),51－52;integrative thinking development through(整体思维发展历程见),30－31,39－40,47－48;introducing four disciplines of the(介绍其四个学科见),42－46;introducing pluralistic thinking as part of(多维度的思考方式介绍见),5－6;liberal learning in(博雅教育见),38－41,54－55,59－110;management discipline of(管理学见),42－46,55－59;marketing discipline of(市场营销见),42－46,55－59;normative practical knowledge(规范性实践知识见),19－20;providing experiences that approximate business practices(提供与商业实践近似的经验见),33;shaping market view through(塑造市场观见),44－46;training judgment versus proficiency in(培养判断力还是熟练度见),21. See also Pedagogies(亦可参见教学法);*specific institution*(具体机构)

Undergraduate business education(本科商科教育):an action agenda for integrative approach to(综合方法的行动议程见),171－177;agency theory incorporation into(代理学说的应用见),45;efficient market hypothesis driving(有效市场假说驱动见),164－165;five recommendations for strengthening(加强其的五个推荐见),166－171;for globally cultural literacy(全球文化见),133－141;instrumental approach to(其指导方法见),51－52;preparation for 21st-century business(21世纪商业准备见),46－49;site visit and observations about(实地考察和观测见),32－50;understood as simplified MBA program,(本科商科教育被视为简化的MBA项目),3,166. See also Business education;Higher education;Intergreated education(亦可参见商科教育;高等教育;整体教育);

237

Undergraduate business education recommendations(本科商科教育推荐): business and arts and sciences curricula should be linked(商科教育和博雅教育应该结合见),169; business educators can contribute to teaching arts and sciences(商科教师也应对博雅教育做出贡献见),170－171; integrative education should be intentional(应该有意识地进行整体教育见),169－170; liberal education should be part of business education(博雅教育应为商科教育的一部分见),166－168; liberal learning should be incorporated into curriculum(博雅教育应进入课程计划见),168

Undergraduate business education reform(本科商科教育改革): an action agenda for integrative(综合行动议程见),171－177; challenges of engaging in,(着手的挑战见),31; five recommendations for(5个推荐点见),166－171; revisiting the need for(重新回顾改革的需求见),162－166; two reports（1959）calling for(改革需要的两个报告[1959]),25

Undergraduate business students(本科商科学生): Bell project on integrative education of(综合教育的BELL计划见),2－3; BELL project study assumptions on liberal learning by(BELL研究计划的博雅教育假说见),68－69; college experience of(学生们的大学经验),41－46; entrepreneurial character formation of(创业性格的形成见),154－156; ethical formation of(道德的形成见),79－81,97－102,105; "Friday Letter"（PSU Business Environments class）sent by(由PSU寄出的"星期五信件"[商业环境班]见),102; instrumental approach to studies by(指导性的学习方法见),40,51－52; instrumental-versus-exploration orientation and(指导性和探索性之争见),40－41; popularity of undergraduate(本科的流行程度见),1-2;preparing them for 21st-century business(让学生准备好面对21世纪商科学习的挑战),46-49;preparing them for 21st-century life(让学生准备好面对21世纪生活的挑战见),49-50;sharing market view of(分享市场观点),44-46;social cognitive and systems perspective of(社会认知和系统的视角见),142;social intelligence development in(社交智慧的发展见),100-102

U. S. Department of Defense(美国国防部),24

US. News & World Report(《美国新闻与世界报道》),161,I65

Universities(Flexner)(《大学》弗莱克斯纳),22

University of Chicago(芝加哥大学),22,106

University of Michigan(密歇根大学),176

University of Pennsylvania. See Wharton School (Penn)(宾夕法尼亚大学,见沃顿商学院[宾大])

University of Toronto(多伦多大学),30

University of Virginia(弗吉尼亚大学),43

Ury, W.(尤里,W.),94

V

Virtu project(维尔图项目),126

W

Wake Forest University(维克森林大学),43

Walmart(沃尔玛),44

Watson, J. D.(沃森,J. D.),6

Web-based simulations(基于网络的模拟). See Simulations(见模拟)

Wegner, J. W.(韦格纳,J. W.),7

West, G. P.(韦斯特,G. P.),III,145,148,150,151

Wharton, J.(沃顿,J.),15,16

Wharton School (Penn)(沃顿商学院[宾州]):Corporate Responsibility course at(企业责任课程

见),135–136,137;Huntsman Program at(亨茨曼项目见),137,139,140;integrated liberal education for business vision of(商科视野中的博雅教育见),15–16,161–162;Leadership and Communication in Groups course(团队中的领导力和沟通课程见),92,95;movement toward professionalism at(走向专业化见),16–18;Social Impact and Responsibility course at(社会影响和责任课程见),114–115;as study institution site(作为学习机构的场所见),7,8

Whitehead, A. N.(怀特海,A. N.),22–23,26

Wiggins, G. P.(威金斯,G. P.),170

Williams, A.(威廉姆斯,A.),91

World War II(第二次世界大战),23–24

WorldCom failure(世界通信公司的失败[2001]),11

Writing as inquiry(调查式写作),104–105

Written communication teaching(书面交流教学):business writing(商务写作见)102–104;writing as inquiry(调查式写作见),104–105. See also Oral communication teaching(亦可参见口头交流教学)

Y

Yale University(耶鲁大学),159

Yergin, D.(耶金,D.),1

Z

Zacharakis, A.(扎哈拉基斯,A.),145